文旅融合背景下图书馆
跨行业发展研究

刘 刚 / 著

辽宁人民出版社

图书在版编目（CIP）数据

文旅融合背景下图书馆跨行业发展研究 / 刘刚著 .
沈阳：辽宁人民出版社，2024. 12. -- ISBN 978-7-205-11290-5

Ⅰ．G259.2

中国国家版本馆 CIP 数据核字第 2024NL2296 号

出版发行：辽宁人民出版社
　　　　　地址：沈阳市和平区十一纬路 25 号　邮编：110003
　　　　　电话：024-23284191（发行部）　024-23284304（办公室）
　　　　　http：//www.lnpph.com.cn
印　　　刷：天津光之彩印刷有限公司
幅面尺寸：170mm×240mm
印　　　张：10.5
字　　　数：100 千字
出版时间：2024 年 12 月第 1 版
印刷时间：2024 年 12 月第 1 次印刷
责任编辑：刘芮先
装帧设计：一诺设计
责任校对：吴艳杰
书　　　号：ISBN 978-7-205-11290-5

定　　　价：58.00 元

前　言

在新时代背景下，文化和旅游的深度融合已经成为国家文化发展的重要战略。文旅融合的概念并不仅仅是简单地将文化资源和旅游资源放在一起，而是一种全新的发展模式，要求各相关行业在资源整合、产品创新、服务优化等方面实现跨界融合，共同推动文化与旅游产业的转型升级。在这一进程中，图书馆作为传承文化、服务公众的重要平台，肩负着特殊的历史使命和责任。

随着社会经济的发展和科技的进步，公共图书馆的功能和角色正在发生着深刻的变化。以往，图书馆仅仅是提供图书借阅服务的场所，而现在它已经逐渐扩展成为包含了信息咨询、知识传播、文化交流、教育培训等多功能的社区文化中心。公共图书馆不再仅仅是为公众提供图书的借阅和阅读场所，而是成为一个充满活力、涵盖多样化资源和服务的综合性机构。特别是在文旅融合的大背景下，图书馆的作用愈加重要。作为文化交流的重要场所，它不再仅仅承担传承和保护文化遗产的责任，还主动担当起引领旅游体验的一部分。通过与旅游业的紧密结合，图书馆为游客提供了更加丰富的文化体验。游客不仅可以欣赏到图书馆中珍贵的文化遗产和艺术藏品，还可以参与到各种文化活动中来，体验并融入当地的文化氛围中。这种跨界服务充分发挥了图书馆作为文化传播和文化体验中心的优势，为游客提供了全新的旅游体验。

此外，图书馆作为文旅融合中的一个重要环节，也为自身的可持续发展提供了新的路径。在旅游业的推动下，图书馆的文化资源得到了更加广泛的传播和利用，图书馆功能的进一步拓展，也相应地增强了可持续发展的基础。通过与旅游行业的合作，图书馆能够吸引更多的游客和用户，从而增加社会影响力和参与度。同时，图书馆也可以借助旅游业的资源优势，推动自身的创新发展，如举办图书展览、文化交流活动等，提高服务质量，吸引更多的读者和访客。除了对图书馆自身的影响，文旅融合也促进了图书馆与其他相关行业之间的合作与交流。在推动文旅融合的过程中，图书馆与文旅局、博物馆、艺术馆等机构加强了合作与联动，共同打造了一个更加完整和多元的文化旅游产业链。图书馆通过与这些机构的合作，将自身的图书资料与他们的展览和文化活动相结合，形成了一个新的知识传播和文化交流平台，为公众带来了全新的感受和体验。

然而，要实现文旅融合的目标，还需要充分发挥图书馆的作用，进一步促进自身的转型升级。首先，图书馆需要不断丰富自身的文化资源，收集和整理更多的图书资料、文献、艺术藏品等，以满足公众的文化需求。其次，图书馆还需要加强科技应用，提高数字资源的建设和管理水平，以适应信息时代的发展需求。同时，图书馆还应加强与其他行业的合作，通过与其他文化机构的融合，共同推动文旅融合发展。

目　录

第一章

文旅融合背景下图书馆的意义与价值

一、文旅融合背景下图书馆的发展现状分析

（一）我国图书馆文旅融合的现状及发展前景

在我国，图书馆文旅融合的进程尚处于初级阶段，但其发展前景十分广阔。一方面，部分地区的图书馆已经开始积极探索并开发文化旅游产品，通过举办展览、培训、体验等活动，吸引了大量的游客。这些活动不仅提升了图书馆的社会影响力，也为当地的文化旅游产业注入了新的活力。例如，北京市图书馆将自己打造成了一个集信息服务、文化交流和旅游观光于一体的文化旅游综合体。他们通过举办各种主题的展览，如历史文物、艺术作品、科技成果等，吸引了大量游客前来参观。同时，他们还提供了一系列培训和体验活动，如古籍修复、数字媒体制作、历史文化讲

座等，让游客在享受文化盛宴的同时，也能亲身感受到图书馆的魅力。另一方面，一些地区的图书馆在融入旅游元素方面有所欠缺，尚未认识到图书馆在文旅融合中的潜力和作用。他们仍然将图书馆视为一个单纯的信息服务机构，而忽视了其在文化旅游产业中的重要地位。然而，随着社会的发展和人们精神文化需求的不断提高，图书馆作为文化传播和交流的重要场所，其在文旅融合中的地位和作用将越来越重要。此外，一些新兴的科技手段也为图书馆文旅融合提供了新的可能。例如，虚拟现实（VR）、增强现实（AR）等技术的应用，可以使图书馆的展览和活动更加生动、有趣，以吸引更多的游客前来参观和体验。同时，通过建立图书馆旅游路线数据库和智能导览系统，可以更好地整合和利用图书馆的资源，为游客提供更加个性化、便捷的服务。尽管目前图书馆文旅融合的进程尚处于初级阶段，但其发展前景十分广阔。随着人们文化旅游需求的不断增加，图书馆作为文化传播和交流的重要场所，其作用将越来越重要。而通过开发文化旅游产品、举办展览、培训、体验等活动，图书馆不仅可以提升自身的社会影响力，也可以为当地的文化旅游产业注入新的活力。未来，期待看到更多的图书馆加入文旅融合的行列，为促进文化旅游产业的繁荣发展做出更大的贡献。

（二）国外图书馆文旅融合的发展状况

国外一些国家和地区在图书馆文旅融合方面已取得了较为显著的成

果。这种融合不仅丰富了图书馆的功能，还为游客和居民提供了更加多元化的文化体验，使图书馆成为文化交流的重要场所。以法国为例，其图书馆的空间设计堪称典范。在这些图书馆中，除了有提供阅读和借书的基本区域外，还设有咖啡馆、酒店等服务设施。这种设计巧妙地将文化和旅游相结合，为游客和居民提供了一个舒适、休闲的阅读环境。在这样的空间里，人们可以尽情享受阅读的乐趣，感受文化的魅力。此外，这些图书馆还定期举办各类文化活动，如作家讲座、诗歌朗诵会等，进一步丰富了图书馆的文化内涵，吸引了更多游客和居民前来参与。其次，日本在图书馆文旅融合方面也有诸多创新。一些图书馆通过举办各种主题展览和活动，使游客在图书馆中能够感受到浓厚的文化氛围。例如，日本的一些图书馆会定期举办书画展览、传统手工艺品展览等，这些活动不仅展示了日本丰富的文化底蕴，还为游客提供了一个了解和体验日本文化的机会。此外，这些图书馆还会邀请知名作家、学者举办讲座，分享他们的学术研究成果和人生经历，使图书馆成为一个学术交流的平台。此外，国外一些图书馆还注重与当地旅游景点的联动，推出了特色文化旅游路线。例如，意大利的一些图书馆会与附近的古城、博物馆等景点合作，为游客提供一条结合阅读与文化参观的旅游路线。在这条路线中，游客可以在图书馆中阅读相关的历史文献，了解当地的历史文化背景，随后再前往古城、博物馆等地进行实地参观，从而更深入地感受文化的魅力。近年来，我国在图书馆文旅融合方面也取得了一些成果。如一些图书馆与文化遗址、历史建筑进行合作，使图书馆成为展示当地历史文化的重要窗口。此外，一些图书馆还举办了各类文化活动，如讲座、展览等，吸引了大量游客和居民参与。然而，与国外一些国家和地区相比，我国在图书馆文旅融合方面仍有较大的发展空间。

（三）图书馆在文旅融合中的角色定位

在文旅融合中，图书馆具有多种角色定位的功能。首先，图书馆可以作为旅游目的地，为游客提供丰富的文化旅游体验。通过举办各种主题展览、文化讲座、文艺表演等活动，让游客在游览的同时，深入了解当地的文化内涵。例如，图书馆可以举办以地方历史人物为主题的展览，展示当地的文化传统和发展历程，让游客零距离感受当地的文化风情。图书馆也可以充当旅游服务的提供者，为游客提供全方位的服务。图书馆可以设立旅游咨询台，提供游客所需的信息咨询、导览服务、文化产品销售等服务。游客在图书馆可以获取到关于当地旅游景点、历史文化背景、风土人情等方面的全面指导，有助于游客更好地规划自己的旅游行程和体验。例如，在图书馆的旅游咨询台，游客可以获取到推荐的旅游线路和当地的特色活动信息，让游客能够尽情享受旅游的乐趣。图书馆还可以作为文化传承的重要场所，通过举办丰富多样的文化教育活动和提供丰富的文化资源，促进游客对本地文化的了解和传承。图书馆可以组织地方历史文化的讲座、展览，让游客更好地了解当地的文化特色和传统。例如，图书馆可以举办针对本地传统手工艺的讲座和展示活动，让游客亲身参与，体验传统文化魅力，同时也可以促进当地传统手工艺的传承和发展。除此之外，图书馆要进一步明确文化交流与交融的角色定位。通过与其他文化机构的合作，共同举办文化活动，促进不同文化之间的交流与碰撞。例如，图书馆可以与博物馆、艺术馆、剧院等合作，举办联展、联演等活动，将不同领域的文化艺术相结合，给游客带来更多元化的文化体验。与此同时，图书馆在文旅融合中还承担着社区教育的责任。通过开展各种文化课程、讲座和活动，提高社区居民和青少年对文化的认知和兴趣，推动全民文化素质的提升。图书馆可以与学校、社区组织合作，在图书馆内举办青少年读书俱乐部、文学讲座等活动，培养青少年的阅读兴趣和艺术素养，推动社区文化建设与文旅融合发展的深度结合。图书馆还可以借助现代科技手段，如智能导览系统、虚拟现实技术等，提升游客的参与感和体验感。游客可以通过智能导览系统了解展品的文化背景和相关知识，通过虚拟现实技术参观历史文化景点，增强文旅体验的互动性和沉浸感。例如，在图书馆内设置虚拟现实展区，游客通过佩戴虚拟现实眼镜，仿佛置身于历史文化的场景中，亲身感受历史的魅力。

二、文旅融合对图书馆的影响与挑战

（一）文旅融合对图书馆服务模式的冲击

文旅融合，即文化与旅游的融合，是当前社会发展的一个重要趋势。在这一趋势下，图书馆作为文化传播的重要场所，其服务模式也面临着巨大的冲击和挑战。这种冲击主要体现在服务内容、服务方式和服务对象的变化上。从服务内容来看，图书馆的传统职能是提供图书借阅和阅读推广等服务。然而，在文旅融合的背景下，图书馆的服务内容需要更加丰富多元。这不仅仅是因为读者需求的多样化，更是因为文化、旅游的融合为图书馆提供了更多的可能性。图书馆可以结合当地的文化特色和旅游资源，提供与文化、旅游相关的主题阅读服务。例如，可以推荐以当地历史、民俗、景点等为主题的书目，引导读者深入了解当地文化，体验旅游的魅力。此外，还可以举办文化讲座、旅游攻略分享，邀请专家学者和旅游达人分享他们的知识和经验，为读者提供更多元化的文化体验和旅游信息。从服务方式来看，图书馆的服务方式也需要不断创新。在信息技术和网络平台高度发展的今天，图书馆可以利用这些先进的技术手段，提供更加便捷、个性化的服务。例如，图书馆可以通过建设电子图书馆、移动应用等平台，让读者随时随地都能访问图书馆的资源和服务。此外，图书馆还可以利用大数据分析等技术手段，了解读者的阅读喜好和需求，从而提供更加精准的图书推荐和个性化服务。通过这些创新的服务方式，图书馆可以更好地满足读者的需求，提升读者的阅读体验。从服务对象来看，文旅融合背景下，图书馆的服务对象不再局限于本地居民，而是扩大到了广大游客。这意味着图书馆需要更加注重服务质量和用户体验，提升图书馆在游客心中的形象和地位。为了达到这一目标，图书馆可以采取一系列措施。例如，可以增设游客咨询台，提供旅游信息咨询、图书推荐等服务；可以增设特色阅读空间，如旅游主题阅览室、文化体验区等，让游客在阅读的同时，也能感受到当地的文化氛围；还可以举办特色文化活动，如文化交流会、旅游摄影展等，吸引游客参与，提升图书馆的知名度和影响力。

（二）文旅融合对图书馆资源整合的要求

文化旅游融合是当前文化产业发展的重要趋势，对于图书馆而言，这一趋势既带来了机遇，也提出了挑战。图书馆作为文化旅游的重要场所，其资源整合的能力直接影响到文化旅游的品质和效果。因此，文旅融合对图书馆的资源整合提出了更高的要求。第一，图书馆需要整合各类文化、旅游资源。这包括图书资源、数字资源、讲座资源、活动资源等，这些资源是图书馆提供服务的基石。图书馆应通过整合这些资源，形成一套完整的服务体系，为游客提供一站式的文化旅游服务。在这个过程中，图书馆应注重资源的分类和整理，使得游客能够方便快捷地找到自己感兴趣的文化旅游资源。同时，图书馆还应定期更新资源，保持资源的时效性和可获取性，吸引更多的游客前来体验。第二，图书馆需要加强与其他文旅机构的合作。文旅融合的发展需要各个文旅机构的共同努力，图书馆应主动寻求与其他文旅机构的合作，实现资源共享和优势互补。例如，图书馆可以与旅行社合作，提供文化旅游线路规划服务；可以与文化艺术机构合作，举办文化交流活动；可以与旅游景区合作，提供景区文化背景介绍服务。通过与其他文旅机构的合作，图书馆可以拓展自己的服务领域，提高服务质量，同时也能够提升自身的知名度和影响力。第三，图书馆需要注重自身资源的数字化和信息化。在信息技术飞速发展的今天，数字化和信息化已经成为图书馆发展的必然趋势。图书馆应利用大数据、人工智能等技术手段，对资源进行更加精细化的管理和利用，提高资源的使用价值和效益。例如，图书馆可以通过建设数字化图书馆，提供在线阅读、远程借阅等服务，让游客能够随时随地获取图书馆的资源；可以通过大数据分析，了解游客的需求和偏好，为游客提供个性化的文化旅游服务；可以通过人工智能技术，实现资源的智能推荐和检索，提高游客的使用体验。第四，图书馆需要注重资源的创新和开发。文旅融合的发展需要不断创新，图书馆应积极探索新的文化旅游产品和服务，满足游客的多样化需求。图书馆可以开发文化旅游衍生产品，如文化创意产品、文化旅游线路等，丰富游客的文化旅游体验；可以举办文化旅游主题活动，如文化节、文化旅游论坛等，提升游客的文化旅游参与度；可以开展文化旅游研究，推动文化旅游的理论创新和实践发展。

（三）图书馆面临的政策与市场挑战

随着文旅融合政策的推进和实施，图书馆面临着前所未有的政策与市场方面的挑战。政策环境的变化要求图书馆调整自身的服务模式，促进资源整合，以适应新的环境，同时，市场环境的变化也使图书馆面临更高的服务标准与游客需求的多样化。这使得图书馆不仅要适应新的政策环境，还需应对日趋激烈的市场竞争。一方面，政策环境的变化对图书馆的服务模式提出了新的要求。传统的图书馆服务以纸质文献为主要载体，服务方式较为单一。而现在，随着文旅融合政策的深入推进，图书馆的服务对象逐渐扩大到旅游者，服务内容也需随之变化。政策环境的变化要求图书馆积极探索新的服务模式，如提供数字资源、建立在线服务平台等，以满足旅游者的需求。另一方面，市场环境的变化也对图书馆提出了更高的要求。随着旅游市场的不断扩大和游客需求的多样化，图书馆需要不断提升自身的服务水平和市场竞争力。除了提供传统的图书借阅服务外，图书馆还需提供更多的文化活动、信息咨询、文化旅游规划等服务，以满足游客的需求。此外，图书馆还需加强自身的品牌建设，提升自身的市场影响力。市场竞争的日趋激烈也是图书馆面临的一大挑战。在文旅融合的大背景下，图书馆不仅要与传统的书店、博物馆等机构竞争，还需与新兴的文化旅游企业竞争。为了应对这一挑战，图书馆需要加强自身的品牌建设和服务创新能力，提升自身的市场竞争力。面对这些挑战和机遇，图书馆需要积极探索新的发展路径和策略。首先，要加强自身基础设施建设和服务能力的提升。数字化建设是当前图书馆发展的重点之一，通过引进先进的信息技术，建立在线服务平台，提升服务质量和管理水平。其次，要加强与其他文旅机构的合作，实现资源共享、优势互补，共同推动文化旅游产业的发展。最后，要注重人才培养和引进，加强人才队伍建设和管理。图书馆工作人员的专业素质和服务水平直接影响到图书馆的服务质量和发展前景，因此要加强人才队伍建设和管理，提高工作人员的专业素质和服务水平。为了适应新的政策环境和满足游客的需求，图书馆还需不断探索新的服务模式和服务内容。例如，可以开展线上线下的阅读推广活动、举办文化讲座和论坛、提供旅游信息咨询服务等。同时，图书馆还需加强与其他文旅机构的合作，共同开发文化旅游产品，提高图书馆在文化旅游产业链中的地位和影响力。图书馆还需注重自身的品牌建设和市场推广。通过加强品牌宣传和推广，提高图书馆的知名度和美誉度，吸引更多的游客前来参观和阅读。同时，图书馆还需加强与其他机构的合作，共同打造文化旅游品牌，提高图书馆在文旅产业中的地位和影响力。

三、图书馆跨行业发展的需求与机遇

（一）图书馆跨行业发展的内在需求

随着信息技术的迅速发展，我们正迎来一个前所未有的信息时代。这个时代带来的不仅仅是社会生活翻天覆地的变化，也给传统图书馆带来了前所未有的挑战和压力。传统图书馆在数字化、虚拟化的大背景下，其角色和功能正面临重塑的必要，跨行业发展成为一种内在的需求。随着人们对知识和信息的需求日益增加，传统图书馆的藏书数量和种类已经显得捉襟见肘。人们对信息的需求不再满足于单一的书籍来源，而是需要更广泛、更多元的信息资源。这就需要图书馆打破传统的界限，与出版、销售、社交媒体等行业进行跨界合作，以获取更多的信息资源，丰富馆藏内容，并通过多种渠道进行推广。例如，图书馆可以与大型的图书销售平台进行合作，获取最新的出版信息，以便及时更新馆藏；也可以与社交媒体平台合作，通过分享书评、推荐好书等方式，吸引更多的读者关注和参与。同时，随着人们对信息获取渠道的多样化需求，传统图书馆需要提供更加便捷、个性化的服务。图书馆可以通过跨界合作，提供更加丰富和多元的服务。例如，图书馆可以与电商企业合作，在线销售图书和数字资源，提供在线借阅、预订、书评等功能，使用户可以更自由地获取所需信息。此外，图书馆还可以与教育机构、科研机构等合作，提供专业的学术资源和服务，如论文数据库、专利信息、研究报告等，以满足科研人员和教育工作者的需求。此外，为了应对科技创新和学术发展的挑战，图书馆还需要与知识产权保护、数据管理等服务提供商进行合作，获取相关的服务和支持。在科研过程中，知识产权的保护和管理至关重要，图书馆可以提供相关的培训和指导，帮助科研人员更好地保护自己的研究成果。同时，图书馆还可以提供数据管理服务，帮助科研人员整理、存储和共享研究数据，提高科研效率。图书馆跨行业发展的内在需求还表现在对数字化、虚拟化技术的掌握和应用上。随着信息技术的发展，数字化、虚拟化技术已经深入到各个行业和领域，成为推动各行业发展的重要力量。传统图书馆也需要紧跟时代的步伐，掌握和应用这些技术，以提升自身的服务能力和水平。例如，图书馆可以通过建立数字化图书馆、利用大数据和人工智能等技术，提高信息检索和服务的效率和质量。

（二）图书馆跨行业发展的新机遇

随着社会的发展，图书馆的跨行业发展正在迎来新的机遇。这种跨行业的发展不仅满足了社会日益增长的需求，同时也为图书馆带来了许多新的可能性。第一，跨界合作无疑可以扩大图书馆的影响力和知名度，进而提升图书馆的品牌形象。通过与知名出版社、科研机构等合作，图书馆可以引进更多高品质的藏品，提供更具吸引力和竞争力的服务，从而吸引更多的用户。这种合作不仅可以丰富图书馆的馆藏资源，还可以提升图书馆在学术界和公众心目中的地位。例如，与知名出版社合作，可以引进最新的学术著作，丰富图书馆的学术资源；与科研机构合作，可以获取最新的科研成果，为图书馆提供更深入、专业的资源。第二，跨界合作还能带动图书馆的创新发展。通过与科技企业合作，图书馆可以引进新的技术和设备，提供更先进的数字化服务。例如，利用人工智能技术实现图书馆自动化管理，实现自主推荐，以提升用户体验，并为用户提供更加精准的服务。这种合作不仅可以提升图书馆的服务质量，还可以推动图书馆向数字化、智能化方向发展。此外，通过引入新的技术和设备，图书馆还可以开发新的服务项目，如在线阅读、数字讲座等，以满足用户多样化的需求。第三，图书馆还可以通过与其他行业的合作，创造新的商业模式和盈利机会。例如，与咖啡店、文创企业等合作，在图书馆内设置咖啡厅、文创店等商业空间，提供社交、休闲、购物等服务。这种合作不仅可以吸引更多的人群进入图书馆，增加图书馆的客流量，还可以为图书馆带来额外的收入。通过与咖啡店合作，图书馆可以在馆内设置咖啡厅，提供咖啡和轻食等服务，吸引更多的用户在图书馆停留；通过与文创企业合作，图书馆可以销售自己的文创产品，如图书、文具等，增加收入的同时也可以宣传图书馆的文化品牌。第四，这种跨行业的合作还可以促进图书馆与其他行业的交流与互动，推动文化交流和知识传播。通过与不同行业的合作，图书馆可以了解更多的行业动态和市场需求，从而更好地调整自己的发展方向和服务内容。

（三）图书馆跨行业发展的战略方向

在当今社会，图书馆面临着日新月异的变化。为了适应这种变化，实现自身的跨行业发展，图书馆需要制定合适的战略方向。这一方向不仅要满足图书馆的传统职能，还要拓展其服务领域，提供更广泛、更深入的服务。第一，图书馆应加强与出版行业的合作，建立起稳定的购书渠道，提供更多元化、更丰富的图书和数字资源。出版业是图书馆资源的重要来源，与出版社保持紧密合作关系，有利于图书馆及时获取新书信息，了解读者需求，从而提供更加精准、及时的图书订购、导读、推荐等服务。此外，图书馆还可以与出版社共同举办新书发布会、作者见面会等活动，吸引更多读者走进图书馆，提升图书馆的人气。通过与出版社的合作，图书馆可以实现资源优势互补，为读者提供更加丰富、多元的阅读体验。第二，图书馆可以与电商企业合作，在线图书服务电商平台拥有庞大的用户基础和成熟的物流体系，图书馆可以利用这些优势，建立起在线图书馆平台。该平台可以提供电子图书、数字资源的借阅和购买服务，满足用户随时随地阅读的需求。此外，平台还可以提供个性化推荐、阅读记录等功能，帮助用户发现更多适合自己的图书和资源。通过与电商企业的合作，图书馆可以拓宽服务渠道，提高服务效率，实现服务模式的创新发展。第三，图书馆还可以与教育机构、科研机构等合作，开展科研合作、学术交流等活动。图书馆作为知识传播的重要平台，有责任推动科研成果的传播和应用。通过与科研机构的合作，图书馆可以引进科研成果，举办学术讲座、研讨会等，提升图书馆的学术声誉和影响力。同时，图书馆还可以为科研人员提供数据管理、知识产权保护等服务，帮助他们更好地进行科研工作。与教育机构的合作则可以促进图书馆教育资源的建设，为师生提供更多学术资源和支持。第四，图书馆还可以积极开展与文化创意产业的合作，创造新的商业模式和盈利机会。图书馆作为一个文化机构，具有丰富的文化底蕴和独特的文化氛围。与文化创意产业的合作可以挖掘图书馆的文化价值，开发出更多具有创意的产品和服务。例如，与咖啡店、文创企业等合作，在图书馆内设置咖啡厅、文创店等商业空间，提供社交、休闲、购物等服务。这不仅可以吸引更多人群进入图书馆，还可以为图书馆创造新的收入来源，实现可持续发展。

第二章

文旅融合背景下图书馆的资源整合与创新

一、图书馆与旅游资源的整合与开发

（一）图书馆旅游资源的挖掘与利用

图书馆作为一个文化资源宝库，拥有丰富的图书、资料和文献，以及珍贵的历史文物和艺术品，不仅对学术界有重要意义，也具有旅游资源开发的潜力。因此，挖掘和利用图书馆的旅游资源具有很大的意义。图书馆可以通过策划和组织展览来展示自己的珍贵文物和艺术品。这些展览可以是永久性的，也可以是临时性的特别展览。通过展览，有着丰富历史和文化内涵的"融藏于书"的文化宝藏可以被更多的人欣赏和学习。这样，游客不仅可以在旅游的同时体验到图书馆的独特魅力，还能够了解到图书馆的历史背景和文化渊源。图书馆可以推出旅游路线，将文化、历史和艺术作为主题，引导游客参观图书馆并了解其背后的历史故事。游客可以跟随这些路线，参观图书馆所藏书籍中的历史文献，感受到文化的魅力和历史的厚重。通过讲解员的引导和解说，游客可以更好地了解图书馆的建筑风格、文化内涵以及馆内收藏的珍贵文物和艺术品的背后故事。图书馆还可以与其他旅游景点进行合作，共同打造旅游线路。例如，与附近的博物馆、历史遗址、文化村落等合作，提供包含图书馆在内的多个景点的游览套餐。游客可以在一次旅行中感受到不同景点带来的文化和历史的碰撞与交融，丰富旅游的体验和收获。这样的合作既可以带动图书馆对旅游资源的利用，也可以促进这些景点之间的互补，为游客带来更多的选择和体验。此外，图书馆还可以开展一些互动性强、参与性高的活动，吸引更多的游客前来参观和体验。比如，可以组织一些有关历史、文化或艺术的讲座、研讨会，邀请专家学者来讲述与图书馆收藏相关的故事和知识。同时，可以开设一些与书籍、文献或艺术品相关的体验活动，比如书法、绘画、手工制作等，让游客亲自动手，感受到图书馆资源的魅力与价值。图书馆还可以开展一些主题展览，以引起游客的兴趣。比如，可以举办一场关于某一时期的文学作品展览，展示该时期的名著和作家的生平事迹。也可以策划一场展示不同地区文化差异的展览，让游客在参观的同时了解到不同地域文化的独特魅力。这样的展览不仅可以满足游客对文化的需求，还能够为图书馆带来一定的收入和知名度。

（二）图书馆旅游资源的创新性开发

为了进一步满足游客的需求和期望，图书馆在旅游资源开发中需要具有创新性。这种创新包括引入新的科技手段和与其他行业的合作，同时还需要开发与图书馆相关的特色商品和文化产品。图书馆可以引入新的科技手段，为游客提供互动体验。通过虚拟现实技术，游客可以身临其境地重返历史场景或文学作品中的场景。他们可以穿越时空，沉浸在古代的建筑、风景和文化中。这种互动体验不仅让游客更加投入，也能使他们更加深入地理解和感受图书馆的文化价值。图书馆也可以开发手机 APP，为游客提供导览和互动学习等功能。游客可以通过 APP 获取图书馆的藏书、展览和活动信息，并了解每本书籍或展览的背景和内容。他们还可以通过 APP 参与互动学习，例如答题、解谜等，增加游览的趣味性和参与感。这样的手机 APP 可以让游客更方便地了解和利用图书馆的资源，并加深他们对图书馆的认知和兴趣。此外，图书馆可以与旅游公司、创意公司等合作，推出主题演出和活动。例如，图书馆可以在大厅或门口举办音乐会、戏剧表演等文艺活动。这样的活动既可以满足游客欣赏文化的需求，也能让他们享受到艺术带来的魅力和情感体验。在这样的活动中，游客可以通过音乐、戏剧等艺术形式更深入地了解图书馆承载的文化，并与其他游客分享和交流感受。图书馆还可以开发特色商品，以及与图书馆相关的文化产品。这些产品可以是图书、纪念品、影视作品等。图书馆可以根据自身的特色和文化价值，出版和设计符合游客需求的图书和纪念品。这些图书和纪念品不仅能帮助游客深入了解图书馆的文化价值，还可以作为游客回忆和分享的载体，增强游客对图书馆的留念和推广效果。另外，图书馆可以与电影或电视制作公司合作，将图书馆的故事或文化元素制作成影视作品，搬上大银幕。这样的文化产品不仅可以让更多人了解和关注图书馆，也可以扩大图书馆的影响力和知名度。

（三）图书馆旅游资源的宣传与推广

在当今社会，旅游已经成为人们生活的一部分，而图书馆作为文化的载体，也承担着吸引游客、传播文化的责任。旅游资源的宣传与推广是图书馆发挥这一功能的重要手段。只有将图书馆的旅游资源宣传出去，才能吸引更多的游客前来参观，体验图书馆的文化氛围。第一，图书馆可以充分利用社交媒体平台进行宣传。社交媒体具有传播速度快、覆盖面广的特点，是图书馆宣传旅游资源的重要工具。图书馆可以建立官方微信、微博等社交媒体账号，定期发布文旅信息。这些信息可以包括图书馆的展览、演出、活动等，让游客了解图书馆的动态。同时，还可以发布图书馆的历史、文化、建筑特色等介绍，让游客对图书馆有更深入的了解。此外，图书馆还可以利用社交媒体的互动性，与游客进行互动交流，吸引他们关注和关心图书馆。例如，可以定期举办线上问答活动，解答游客对图书馆的疑问，增强与游客的联系。第二，图书馆可以通过合作推广的方式，扩大宣传影响力。图书馆可以与旅游公司、文化机构、媒体等进行深度合作，共同推广图书馆旅游资源。例如，图书馆可以与旅游公司合作，将图书馆纳入他们的旅游行程中。这样，游客在游览图书馆时，可以更加深入地了解图书馆的文化内涵。同时，图书馆还可以与文化机构合作，互相推荐和宣传。例如，可以举办文化交流活动，邀请其他文化机构的艺术家、学者等来图书馆举办讲座、研讨等，提升图书馆的知名度和影响力。此外，图书馆也可以与媒体合作，利用电视、广播、报刊等渠道进行宣传报道。通过媒体的广泛传播，可以让更多的人了解图书馆的旅游资源。第三，图书馆还可以举办文化节、活动周等特别的宣传活动，吸引更多的游客。例如，可以举办图书馆开放日活动，让游客参观图书馆平日里并不开放的典藏区域，并了解其文化价值。这样的活动可以让游客近距离感受图书馆的魅力，增进他们对图书馆的喜爱。此外，还可以举办图书馆文化节，邀请知名作家、学者等参与，让游客在文化的盛宴中感受图书馆的魅力。通过举办这些活动，不仅可以提升图书馆的知名度，还可以促进图书馆旅游资源的发展。

在宣传与推广过程中，图书馆还需要注意以下几点。一是要保持宣传内容的准确性，确保游客获取的信息真实可靠。二是要注重宣传效果，通过多种形式和渠道，让游客了解到图书馆的独特魅力。三是要不断创新宣传方式，与时俱进，满足游客的多样化需求。四是要加强与游客的互动，关注他们的反馈意见，不断提升图书馆旅游资源的品质。

二、图书馆与文化创意产业的合作与创新

（一）图书馆与文化创意产业的融合

在当今全球化的时代，图书馆与文化创意产业的融合已经成为一种新的发展趋势，成为推动当代社会文化发展的重要动力。作为文化传承与创新的重要平台，图书馆以其独特的资源优势与文化创意产业进行结合，不仅能够提升图书馆的服务功能，扩大其社会影响力，同时也为文化创意产业的发展提供丰富的资源和支持。这种新的融合方式，将有望推动文化的创新与发展，促进社会进步。一是图书馆与文化创意产业的融合，可以实现资源的优势互补。图书馆拥有丰富的文献资源，包括古籍、特藏、手稿等，这些都是文化创意产业的重要素材。这些珍贵的文献资源不仅可以为文化创意产业提供丰富的创作源泉，同时也能够为图书馆带来更多的社会关注和影响力。而文化创意产业则可以利用其专业的技术和创意设计理念，将这些文献资源转化为具有市场价值的产品和服务，如书籍、艺术品、电影、音乐等，从而实现资源的有效利用和价值提升。二是图书馆与文化创意产业的融合，可以促进图书馆服务的创新。传统的图书馆服务往往以借阅、查询为主，形式较为单一。而通过与文化创意产业的合作，图书馆可以推出各种创新服务，如主题展览、文化讲座、创意工作坊等。这

些活动不仅可以吸引更多的读者参与，增强图书馆与读者的互动，同时也能够提升图书馆的服务品质，使其成为文化宣传中心。此外，通过与文化创意产业的合作，图书馆还可以提供个性化的定制服务，根据读者的需求，为其提供定制化的阅读推荐和资源服务，进一步满足读者的多元化需求。三是图书馆与文化创意产业的融合，可以推动文化传承与创新。在传统文化的传承与创新方面，图书馆一直发挥着重要的作用。通过与文化创意产业的合作，图书馆可以挖掘和传承传统文化，同时也可以推动文化创新，使传统文化在现代社会焕发新的活力。例如，图书馆可以与艺术家、设计师合作，共同开发具有传统文化元素的艺术品、设计品等，将传统文化以现代的方式呈现出来，使其更具有吸引力和市场价值。此外，图书馆还可以通过举办各种文化讲座、研讨会等活动，促进文化的交流和传播，激发人们的文化创新意识。四是图书馆与文化创意产业的融合还具有许多潜在的优势和机遇。例如，通过与科技企业的合作，图书馆可以引入先进的技术手段和设备，提升图书馆的数字化和智能化水平，提供更加便捷、高效的服务。此外，图书馆也可以与影视、音乐等行业合作，通过资源共享和合作推广，共同打造具有影响力的文化品牌，实现共赢。

（二）图书馆文创产品的开发与销售

图书馆文创产品的开发与销售，是图书馆与文化创意产业融合的一种具体实践。这种实践不仅丰富了图书馆的服务形式，也提升了图书馆的文化影响力，为图书馆的发展注入了新的活力。图书馆文创产品，是指图书馆运用其独特的文献资源和文化资源开发的具有文化价值和市场价值的产品。这些产品不仅能够满足人们对于文化消费的需求，也能够为图书馆带来经济效益，实现图书馆的可持续发展。图书馆文创产品的开发可以从两个层面来进行。第一个层面是图书馆自身开发的文创产品。图书馆可以利用自身的特藏资源，开发出一系列的书籍、笔记本、明信片等产品。这些产品可以以其独特的设计和丰富的文化内涵，吸引大量的读者和文化爱好者。例如，图书馆可以根据自身的特藏，出版一些珍贵的古籍文献，或者以特藏为素材，设计一些具有文化特色的笔记本、明信片等，这些产品不仅能够满足人们对于文化产品的需求，也能让人们更加了解和关注图书馆的特藏资源。第二个层面是图书馆与文化创意企业合作开发文创产品。图书馆可以利用自身的特藏资源，与文化创意企业合作，开发出一系列的动漫、游戏、影视作品等。这些作品可以以其独特的创意和丰富的文化内涵，吸引大量的观众和文化爱好者。例如，图书馆可以将其特藏资源转化为动漫、游戏、影视作品等形式，让更多的人了解和关注图书馆的特藏资源。同时，图书馆也可以通过与文化创意企业的合作，利用企业的技术和市场优势，提升文创产品的质量和市场竞争力。在图书馆文创产品的销售方面，图书馆可以采取多种方式来进行。首先，图书馆可以通过自身的渠道进行销售，如图书馆的商店、网站等。这些渠道可以让图书馆更直接地与读者和文化爱好者接触，推广和销售文创产品。其次，图书馆也可以通过与文化创意企业的合作，利用企业的销售渠道进行销售。这种合作可以让文创产品更广泛地传播和销售，提高市场影响力。

（三）图书馆文创活动的策划与实施

图书馆文创活动的策划与实施是图书馆与文化创意产业融合的重要方面。图书馆作为文献资源和文化资源的守护者，有责任利用这些资源丰富读者的文化生活，满足其需求和期望，同时提升图书馆自身的社会影响力。因此，图书馆文创活动的策划和实施具有重要的意义。图书馆文创活动的策划可以围绕图书馆的文献资源和文化资源展开。图书馆在策划过程中可以选择不同的主题，例如某个历史时期、文学名著、地域特色等，展示相关的图书馆馆藏资源和文化资料。通过主题展览，人们可以深入了解和欣赏特定主题的文化，增强对文化的传承和认同感。除了主题展览，图书馆还可以策划文化讲座，邀请专家学者来分享相关的知识和见解，让读者在学习中得到乐趣和启发。图书馆文创活动的策划还可以包括创意工作坊等互动体验活动。创意工作坊可以通过提供文创产品设计、手工制作、绘画等技巧培训，引导读者参与创作过程，并将其文化创意能力转化为实际作品。通过这种方式，图书馆不仅可以展示文化创意的力量和魅力，还可以激发读者的创造力和团队合作精神。图书馆文创活动的实施可以与文化创意产业进行合作，利用各自的专业能力和市场资源，共同策划和推广文创活动。例如，可以邀请文化创意设计师与图书馆合作，设计并制作一系列与展览主题相关的文创产品，以吸引读者关注和购买。同时，可以与文化创意企业合作举办创意设计大赛，发掘更多的优秀设计作品，为文化创意产业注入新的活力。除了与文化创意企业合作，图书馆还可以与社会组织、志愿者等开展合作，共同实施文创活动。社会组织可以提供项目资源和活动场地，志愿者可以担任活动策划与执行的角色。通过社会组织和志愿者的参与，图书馆可以扩大文创活动的影响力，吸引更多的读者参与其中，形成一个积极、开放的文化创意社区。

三、图书馆与娱乐产业的融合与协作

（一）图书馆与娱乐产业的合作模式

在图书馆与娱乐产业之间，存在着多种合作模式，这些模式旨在通过合作来吸引更多的读者和用户，并且提供有吸引力的娱乐形式。一种常见的合作模式是图书馆与娱乐产业共同开发与图书馆相关的电子游戏、电影、音乐和虚拟现实等产品。在这种合作中，图书馆可以提供丰富的内容资源，而娱乐产业则可以通过创新的娱乐形式吸引读者和用户。这样的合作能够使得图书馆的资源得到更好的利用，同时也能够吸引更多的读者和用户，丰富并提升他们的阅读和娱乐体验。除此之外，图书馆与娱乐产业还可以通过租借图书馆的空间来进行活动或展览。例如，在图书馆的大厅或会议室里举办音乐会、文化节、游戏展示等活动。这样的合作模式不仅能够为娱乐产业提供一个展示和推广的平台，也能够为图书馆增加用户和利用率，进而扩大图书馆的影响力和社会价值。通过这种模式的合作，娱乐产业能够借助图书馆的资源和广泛的读者群体，实现更好的宣传和推广效果，而图书馆则能够吸引不同层次的用户，提供多元化的文化娱乐活动。此外，图书馆还可以与娱乐产业进行数字化合作，以满足用户通过数字平台获取资讯、娱乐和文化内容的需求。例如，图书馆可以与在线音乐平台合作，提供流媒体音乐资源供用户在线收听；与电子游戏公司合作，提供丰富的图书馆资源和举办电子游戏主题活动；与影视公司合作，提供在线电影资源并开展电影展映活动等。通过这些数字化合作模式，图书馆能够扩大服务范围，提供更多元化的内容资源，满足用户多样化的需求，而娱乐产业则能够借助图书馆的品牌形象和用户群体，提高产品的知名度和推广效果。图书馆与娱乐产业的合作模式存在着相互促进的关系。图书馆可以通过与娱乐产业的合作来提高资源利用率、拓宽服务领域，使自身的功能更加多元化。同时，娱乐产业也能够借助图书馆的品牌和读者资源，提高产品的影响力和市场份额。这种合作模式不仅能够为双方带来更多的商业机会，也能够满足用户对于阅读和娱乐的多元需求，推动图书馆与娱乐产业的共同发展。

（二）图书馆娱乐活动的策划与组织

图书馆娱乐活动的策划与组织是图书馆与娱乐产业合作的重要环节，它不仅有助于丰富读者的阅读体验，同时也为图书馆带来了更多的社会影响力。首先，了解用户需求和兴趣是策划娱乐活动的基础。图书馆需要深入了解读者的需求和兴趣爱好，以便为他们量身定制适合的娱乐活动。例如，对于青少年读者，图书馆可以组织游戏比赛、动漫社团等活动；对于成年读者，图书馆可以组织音乐会、文化讲座等活动。通过这种方式，图书馆可以更好地满足不同人群的需求，提高活动的参与度和影响力。图书馆需要与娱乐产业密切合作，为娱乐活动提供专业的资源和技术支持。这包括与相关的娱乐企业建立合作关系，例如与游戏公司、音乐公司、艺术机构等，共同策划和组织娱乐活动。例如，在游戏比赛活动中，图书馆可以获得专业的比赛设备和场地，提高活动的质量和水平。同时，与娱乐产业合作还可以借用专业的音响设备、舞台灯光效果等资源，确保娱乐活动的质量。此外，图书馆可以利用社交媒体平台来宣传和推广娱乐活动。社交媒体是当今最受欢迎的宣传渠道之一，它可以帮助图书馆更快速、更广泛地传播娱乐活动的信息。通过发布相关的信息和内容，如活动海报、预告片、活动照片等，图书馆可以吸引更多的用户参与和关注。此外，社交媒体平台还可以提供互动的机会，让读者可以在平台上留言、评论、分享活动信息，进一步增强图书馆与读者之间的互动和联系。为了确保活动的顺利进行，图书馆还需要制定详细的策划方案和应急预案。在策划方案中，需要考虑活动的主题、时间、地点、参与人数、预算、安全措施等细节问题。同时，为了应对可能出现的突发情况，图书馆还需要制定应急预案，以便在活动出现问题时能够及时应对和处理。图书馆还可以通过与其他机构合作来扩大活动的规模和影响力。例如，图书馆可以与学校、社区中心等机构合作，共同组织娱乐活动。通过合作，可以共享资源、扩大影响力和提高活动的品质。图书馆需要做好活动的后续工作，包括活动后的反馈、总结和改进。通过收集读者的反馈意见，了解活动的优点和不足之处，以便在未来的活动中加以改进。同时，图书馆还可以通过举办一些奖励活动或提供优惠券等方式来感谢读者的参与和支持，进一步提高图书馆的知名度和影响力。

（三）图书馆娱乐产业的发展趋势

在科技日新月异的今天，图书馆与娱乐产业的融合与协作显得尤为重要，这无疑将成为未来发展的一个重要趋势。第一，虚拟现实（VR）和增强现实（AR）技术将在图书馆娱乐活动中得到广泛应用，为用户提供了更加身临其境的体验。随着技术的进步，图书馆将不再局限于传统的阅读和学习模式，而是通过 VR 和 AR 技术，让读者在虚拟的世界中与其他读者进行互动和交流。例如，通过 VR 技术，读者可以沉浸在虚拟图书馆中，浏览丰富的图书资源，与其他读者在虚拟空间中进行交流，分享阅读心得，甚至可以参与到虚拟的学术交流和研讨会中。这种全新的互动模式将极大地提升读者的阅读体验，使图书馆成为一个全新的社交和娱乐平台。第二，人工智能（AI）和大数据分析将在图书馆与娱乐产业的合作中发挥重要作用。通过分析用户的行为和兴趣，图书馆和娱乐产业可以为用户提供更加个性化的服务和推荐，提高用户的满意度。例如，图书馆可以利用大数据分析技术，了解读者的阅读喜好和习惯，为读者提供个性化的图书推荐和阅读建议。同时，AI 技术也可以应用于图书馆的智能导航和问答系统中，帮助读者更快速地找到所需的图书和信息，提供更加便捷的服务。第三，图书馆与娱乐产业的合作将向多元化方向发展。在传统的电影、音乐等娱乐形式的基础上，娱乐产业可以通过与图书馆的合作开发新的娱乐产品和形式。例如，可以开发基于图书的 AR 游戏、VR 电影等新型娱乐产品，将图书内容以全新的形式呈现给读者，提供更加丰富和多样的娱乐体验。第四，图书馆与娱乐产业的合作还可以促进文化交流和创意产业的发展。通过与国内外娱乐产业的合作，图书馆可以引入更多的国际流行文化和艺术形式，丰富读者和用户的文化生活。同时，图书馆也可以借助娱乐产业的资源和渠道，推广我国优秀的文化传统和艺术形式，提升国家文化软实力。此外，图书馆与娱乐产业的合作还可以激发创意产业的创新活力，推动文化创意产业的发展，为社会创造更多的就业机会和经济效益。

第三章

文旅融合背景下图书馆的空间布局与设计

一、文旅融合对图书馆空间需求的影响

（一）文旅融合对图书馆空间功能的需求

文旅融合，即文化与旅游的融合，已经成为当前社会的一种趋势。在这个趋势下，图书馆作为文化交流的重要场所，也需要进行相应的改革和调整，以满足人们对于文化体验和旅游休闲的需求。这就要求图书馆在保持其传统功能的基础上，增加更多的空间功能和服务，以适应文旅融合的新形势。一是图书馆需要增加创意空间，为读者提供创作和交流的场所。传统的图书馆主要是书籍存放和阅读的场所，但是随着社会的发展，人们对于图书馆的需求也在发生变化。人们不再满足于只是阅读书籍，而是希望有更多的机会进行创作和交流。因此，图书馆需要提供更多的创意空

间，以满足人们的需求。这些创意空间可以包括图书馆内的创作工作室、媒体工作室等。创作工作室可以提供给读者一个安静的创作环境，让他们可以在图书馆内进行写作、绘画、设计等创作活动。媒体工作室则可以提供给读者一个多媒体创作的场所，让他们可以使用各种多媒体工具进行创作。通过这些创意空间，图书馆可以成为一个真正的文化交流中心，吸引更多的人前来参与。二是图书馆还可以提供智能化的服务，如图书自动借还机、自助查询终端等，方便读者的使用。随着科技的发展，智能化服务已经成为人们生活中的一部分。在图书馆中，智能化服务不仅可以提高图书馆的运营效率，还可以为读者提供更加便捷的服务。例如，图书自动借还机可以让读者自助完成借还书的手续，无须排队等待。自助查询终端则可以让读者自助查询图书馆的书籍信息，无须询问工作人员。这些智能化服务不仅可以让读者更加方便地使用图书资源，也可以提高图书馆的运营效率，减少图书馆的人力成本。三是图书馆还可以配备专门的会议室或演讲厅，以举办文化活动和讲座，吸引更多的读者参与。图书馆作为一个文化交流中心，需要有更多的空间来举办文化活动和讲座。因此，图书馆可以配备专门的会议室或演讲厅，以满足人们的需求。这些会议室或演讲厅可以用于举办各种文化活动和讲座，如诗歌朗诵会、文学讲座、艺术展览等。通过这些活动，图书馆可以吸引更多的读者参与，也可以促进文化交流和知识的传播。

（二）文旅融合对图书馆空间美学的需求

作为文化传播的重要场所，图书馆在文旅融合的大背景下，也面临着空间美学的挑战和机遇。文旅融合注重体验和感受，对图书馆的空间美学提出了更高的要求。图书馆的布局和设计需要更加注重舒适性，创造出一个宜人的阅读环境。传统的图书馆设计往往注重功能性和实用性，忽视了舒适性。然而，在文旅融合的背景下，图书馆不再只是一个阅读和学习的地方，更是一个文化和体验的空间。因此，图书馆的布局和设计应更多地考虑人体工程学和心理学原理，以提供更加舒适和人性化的阅读环境。这可以通过合理的空间划分、舒适的座椅和充足的自然采光来实现。例如，可以将图书馆分为不同的功能区，如安静阅读区、交流讨论区和休息区等，以满足不同读者的需求。同时，座椅的选择也非常重要，应该选择符合人体工程学的座椅，以提供舒适的阅读体验。此外，充足的自然采光可以提高阅读的舒适度，减少眼疲劳。图书馆内可以设置美学装饰元素，如艺术品展示、绿植布置等，以增加空间的美感和艺术氛围。艺术品的展示可以包括绘画、雕塑等形式，不仅能够美化空间，也能够提供文化内涵和艺术享受。例如，可以在图书馆内设置专门的画廊，展示当地艺术家的作品，或者与艺术机构合作，定期更换展品。绿植的布置则可以增加图书馆的生机和活力，提供清新的空气和舒适的自然氛围。例如，可以在阅读区域周围摆放适量的绿植，或者设置室内花园，使读者在阅读的同时，也能感受到自然的美好。图书馆的视觉设计也要注重与文旅融合的主题相一致，通过展示特定的艺术品或文化元素，来增加读者的体验感。例如，图书馆的墙面可以悬挂与当地文化相关的画作或摄影作品，地面可以铺设具有文化寓意的图案地毯。同时，图书馆的家具和装饰品也要注重设计感，选择符合现代审美且体现文化特色的款式。此外，还可以通过灯光设计、色彩搭配等方式，营造出一个温馨、舒适的环境，使读者在享受阅读的同时，也能感受到文化的魅力。另外，图书馆还可以通过举办各类文化活动，如讲座、展览、读书会等，为读者带来丰富的文化体验。这些活动不仅能够吸引更多读者前来参与，还能够促进图书馆与当地文化机构、艺术家和读者的互动，进一步提升图书馆的空间美学价值。例如，可以定期邀请知名作家、艺术家举办讲座和分享，使读者有机会与他们面对面交流，感受文化的魅力。同时，还可以组织各类展览，如书画展、摄影展等，让读者在阅读之余，也能欣赏到精美的艺术作品。

（三）文旅融合对图书馆空间规模的需求

在文旅融合的大背景下，图书馆作为文化交流的重要场所，其功能和任务也在发生变化。图书馆不再仅仅是传统意义上的图书借阅场所，而是成为文化交流、艺术品展示、休闲娱乐等多功能合一的复合型空间。这就使得图书馆对空间规模的需求相应增加，需要在原有基础上进行拓展和优化。首先，图书馆需要增加展示空间。文旅融合涉及丰富的文化元素和艺术形式，图书馆有责任将这些文化瑰宝呈现给公众。为此，图书馆可以设置专门的展览厅或艺术展示区，用于举办各类文化展览和艺术展览。这些展览可以涵盖传统文化、现代艺术、摄影作品等多种形式，旨在通过展示优秀文化作品，提升公众的文化素养，激发人们对文化艺术的热爱。图书馆还可以与当地的文化机构、艺术家、院校等合作，定期举办文化交流活动，如讲座、研讨会、艺术工作坊等。这样既能丰富图书馆的服务内容，又能为公众提供更多接触和了解文化艺术的机会。此外，图书馆还可以设立特色书房或主题书架，围绕特定文化主题进行图书陈列，引导读者深入了解相关文化知识。其次，文旅融合需要图书馆提供休闲娱乐的场所。在快节奏的现代生活中，人们越来越重视精神文化生活，希望在工作之余找到一个舒适的环境放松身心。图书馆作为一个安静、舒适的空间，具有天然的优势，可以成为人们休闲娱乐的好去处。为此，图书馆可以设置咖啡厅或书吧等休闲区域，为读者提供休息和娱乐的空间。休闲区域的设计可以注重舒适性和实用性，例如设置舒适的沙发、茶几、空调等设施，为读者提供一个温馨、舒适的阅读环境。此外，还可以通过举办各类文化活动，如朗读会、音乐会、电影放映等，吸引更多读者前来参与，让图书馆成为人们文化交流的重要场所。图书馆还需要配备大量电脑和电子设备。在信息时代，人们获取信息的方式发生了很大变化，越来越多的人选择通过网络和电子设备获取知识。为了满足读者对信息获取和学习的需求，图书馆需要不断更新和优化电子设备，为读者提供便捷、高效的信息服务。具体来说，图书馆可以在各个阅览区域设置电脑终端，供读者查阅资料、上网学习。此外，还可以提供免费的无线网络服务，让读者在图书馆内随时随地接入互联网。同时，图书馆还可以开展数字资源建设，如电子图书、电子期刊、数据库等，为读者提供丰富多样的数字资源服务。通过这些举措，图书馆可以更好地适应文旅融合的发展趋势，提升自身的服务质量和水平。

在实际操作中，图书馆可以根据自身实际情况和所在地区的文化特色，有针对性地进行空间拓展和优化。例如，对于位于历史文化名城的高校图书馆，可以充分利用自身的文化资源优势，举办各类文化展览和学术活动，提升图书馆的文化氛围。而对于位于现代都市的公共图书馆，则可以注重休闲娱乐空间的打造，满足市民对高品质文化生活的需求。此外，图书馆还应当注重与其他文化机构的协作，共同推动文旅融合发展。例如，可以与博物馆、文化馆、剧院等机构开展合作，共享文化资源，举办联合活动，实现文化价值的最大化。通过这种方式，图书馆可以更好地融入文旅融合的大潮中，为公众提供更加丰富、多元的文化体验。图书馆还需要不断提升自身的服务质量。这包括优化服务流程、提高员工素质、创新服务方式等各个方面。例如，可以引入智能化服务系统，如图书自助借还机、智能问答机器人等，提升图书馆的服务效率。同时，还可以开展针对不同读者群体的特色服务，如儿童阅读推广、老年人数字素养培训等，满足不同读者的需求。

二、图书馆空间布局与服务模式的优化

（一）图书馆空间布局的创新理念

图书馆的空间布局需要根据用户需求和使用习惯来进行创新。传统的图书馆空间布局通常是以书库为主，用户需要在一片书架中寻找自己需要的图书。然而，随着数字化时代的发展，电子书籍的出现使得用户能够更方便地获取图书资源，因此，图书馆的空间布局需要更加注重用户体验和服务。一种创新的理念是将图书馆打造成一个学术社区中心。这意味着图书馆的空间布局需要更加开放和多功能化，以满足不同用户的需求。首先，图书馆可以设置独立的学习区域，提供安静、舒适的环境，让用户专注学习和阅读。这些学习区域可以配备舒适的座椅、较为隔音的空间、充足的自然光以及良好的通风设施，为用户创造一个适合学习的环境。其次，图书馆可以设置小组讨论室，提供给用户进行小组学习和合作的场所。这些讨论室可以配备白板、投影仪等设备，方便用户进行讨论和展示。此外，讨论室还可以提供一些简单的办公设备，如桌椅、电源等，方便用户在讨论过程中使用电子设备。另外，图书馆还可以设置创客空间，为用户提供创新和实践的场所。创客空间可以配备各种工具和设备，如 3D 打印机、激光切割机、电路板等，让用户能够进行创作和实验。创客空间可以设置为开放式的，让用户

在自由、开放的环境中进行创作，也可以设置为预约制，让用户根据自己的需求和时间来使用。图书馆的空间布局也可以考虑舒适性和环保性的设计，以提升用户的学习和阅读体验。例如，图书馆可以设置舒适的休闲区域，提供舒适的座椅、咖啡厅等设施，让用户在阅读和学习之余得到放松和休息。另外，图书馆还可以考虑使用环保材料和技术，如节能灯具、太阳能发电设备等，降低图书馆的能耗，减少对环境的影响。另一个创新的理念是将图书馆与其他学术机构和社区资源进行整合。图书馆可以合作举办各种学术活动和展览，与学校、科研机构、出版社等建立合作关系，共同为用户提供丰富的学术资源和知识服务。例如，图书馆可以邀请学者和专家来举办讲座和培训，组织读书会和讨论会，展示新书和文献等。这样的合作可以丰富图书馆的活动内容，提高用户的参与度和满意度。图书馆还可以与社区资源进行整合，共同为用户提供多样化的服务。例如，图书馆可以与当地社区合作举办各种文化活动和社区活动，如文艺演出、展览、义工活动等，吸引更多的用户来到图书馆。此外，图书馆还可以与其他文化机构、博物馆、艺术馆等建立联系，互相借鉴和合作，丰富用户的文化和艺术体验。这种多方面合作的模式可以使图书馆的空间布局更具活力和吸引力，吸引更多的用户来到图书馆。通过与其他机构和资源的合作，图书馆可以为用户提供更多元化、丰富的学术资源和知识服务，提高用户的满意度和参与度。此外，图书馆还可以通过不断创新和改进，持续提升自身的服务质量和用户体验，成为学术社区的重要组成部分。

（二）服务模式的重构与优化

随着信息技术不断快速发展，图书馆的服务模式也需要进行重构和优化。传统的图书馆服务主要以图书借阅和参考咨询为主，用户需要到图书馆现场办理手续并获取所需的服务。然而，现代图书馆需要更加注重数字化服务和个性化服务，使用户能够更加便捷地获取图书资源和知识服务。一种重构和优化的服务模式是引入自助服务设备。图书馆可以设置图书自助借还机、自助查询终端等设备，使用户能够在任何时间和地点方便地办理图书借阅和查询服务。用户只需要通过操作自助设备即可完成借还书的过程，不再需要等待柜台人员的服务，大大提高了服务的效率。与此同时，图书馆还可以引入自助打印和复印设备，使用户能够自由地打印和复印文献资料，不再受到打印机数量的限制，提高了图书馆的服务质量。这种自助服务模式的引入不仅提高了图书馆的服务效率，也给用户带来了更好的体验。另一个重构和优化的服务模式是引入数字化服务平台。图书馆可以建设数字化图书馆，提供电子书籍、电子期刊和在线数据库等电子资源，使用户能够随时随地在线阅读和检索相关资料。通过建设数字化图书馆，不仅提供了更多的图书资源，也降低了馆藏的空间压力。用户可以通过访问图书馆的网站或者下载专门的 APP 来获取所需的电子资源，不再局限于图书馆的开放时间和地点。此外，图书馆还可以建立个性化推荐系统，根据用户的借阅记录和兴趣偏好，为用户推荐相关的图书和学术资源。这种数字化服务模式可以更好地满足用户的个性化需求，提供更加精准的推荐和更加便捷的阅读体验。除了以上两种服务模式的重构和优化，图书馆还可以结合社交媒体等平台，建立互动交流的机制。通过在社交媒体上发布图书馆的活动和资源信息，与读者进行互动和交流，吸引更多的读者参与图书馆的活动，丰富图书馆的文化内涵。同时，图书馆也可以通过社交媒体等平台了解用户的反馈和需求，及时调整和改进图书馆的服务，提升用户的满意度。在图书馆服务模式的重构和优化过程中，图书馆不仅需要投入大量的资金用于引进先进的设备和技术，还需要培训和提高馆员的专业素质。馆员不仅需要具备良好的专业知识，还需要具备解决用户问题和提供个性化服务的能力。只有在重构和优化的服务模式下，图书馆才能更好地满足用户的需求，提供更加便利、高效和个性化的服务。

（三）图书馆空间布局的实践案例分享

在当今信息化社会，图书馆作为知识传播和交流的重要场所，其空间布局对于用户的使用体验和图书馆的运营效率具有重要影响。以下是一些图书馆空间布局的实践案例，可以为其他图书馆提供借鉴和参考：

1. 新加坡国立图书馆：新加坡国立图书馆以开放、现代和多功能的空间布局为特点，营造出一个舒适、便捷的学习环境。除了传统的图书馆设施，如阅览区、藏书区等，还设置了学习区、小组学习室、儿童学习室、演讲厅等多种场所。此外，图书馆还积极利用数字化资源和技术，为用户提供在线咨询、预约借书、自助查询等便利服务。这种多元化的空间布局和现代化服务，使用户能够更加高效地获取和使用各类资源，同时也增强了图书馆与用户的互动和交流。

2.多伦多公共图书馆：该图书馆将图书馆与社区生活结合起来，打造一个开放、互动和多媒体的空间。图书馆不仅提供了大量的图书和媒体资源，还设有创客空间、咖啡厅、社交聚会场所等，使用户能够在学习的同时享受社交和娱乐活动。这种创新的空间布局，将图书馆打造成了一个多功能、多元化的社区中心，使用户能够更加深入地参与到图书馆的各种活动中去。此外，该图书馆还积极利用数字化技术和智能设备，为用户提供更加便捷、个性化的服务，如电子资源在线阅读、自助借还等。

3.纽约公共图书馆：该图书馆注重营造一个安静、舒适的学习环境，同时也不忘引入创新的空间设计。例如，在某些区域设置家庭友好区，提供儿童读物区、亲子阅读区、游戏区等，满足不同类型用户的需求。此外，该图书馆还设有咖啡吧、休息区等休闲设施，为用户提供轻松愉悦的阅读氛围。这种创新的空间布局和人性化服务，使用户能够更加愉悦地享受阅读和学习的过程。

4.德国柏林国家图书馆：该图书馆注重利用空间进行分区，将不同类型的资源进行分类管理。例如，将图书、期刊、电子资源等分别放置在不同的区域，方便用户查找和使用。此外，该图书馆还设有专门的学术研究室、小组讨论室等，为学术研究和团队学习提供便利。这种专业化的空间布局和管理方式，使用户能够更加高效地利用图书馆资源。

三、图书馆空间设计中的多功能和可变性考量

（一）多功能图书馆空间设计策略

在当今信息化、多元化的时代，图书馆作为知识传播和交流的重要场所，其空间设计策略对于满足读者多元化需求、提升用户体验、实现多功能性等方面具有重要意义。为了实现多功能性，图书馆空间设计需要采用灵活的空间布局和多元化的设施配置，以满足不同读者的需求。图书馆可以采用开放式布局，打破传统封闭式的空间界限，使空间更加通透、开放。这种布局方式有利于增加空间的互动性和灵活性，方便读者交流、学习和休闲。通过开放式布局，图书馆可以营造一个轻松、自由的学习氛围，激发读者的阅读兴趣和创造力。同时，开放式布局也有利于空间的灵活调整，方便图书馆根据不同的活动需求进行空间布局的调整。

图书馆可以设置多功能区域，以满足不同读者的需求。这些区域可以包括学术研讨区、多媒体学习区、自助借还区等。学术研讨区适合进行小组讨论、学术研究等活动，可以为读者提供一个安静、专业的讨论环境。多媒体学习区则可以提供多样化的学习资源，如电子图书、在线课程等，

方便读者进行自主学习和探索。自助借还区则可以提供便捷的自助借书、还书和自助查询等服务，提高图书馆的运营效率。图书馆还可以利用现代技术手段，如数字化资源、智能设备等，提高空间的使用效率和便利性。数字化资源可以通过网络平台提供丰富的电子图书、学术论文、视频资料等，方便读者随时随地学习。智能设备则可以包括电子阅读器、智能借还系统、移动图书馆 APP 等，这些设备可以提高图书馆的服务水平，提升读者的阅读体验。例如，智能借还系统可以实时记录图书的借还情况，方便图书馆进行资产管理；移动图书馆 APP 则可以提供在线阅读、下载、咨询等服务，方便读者随时随地获取信息。在设施配置方面，图书馆也需要注重多元化。除了提供基本的阅览桌椅、书架等设施外，还可以设置休息区、咖啡厅、艺术展览区等，为读者提供多样化的休闲娱乐空间。休息区可以提供舒适的座椅、茶水等服务，供读者休息和交流；咖啡厅则可以提供咖啡、简餐等，为读者提供一个轻松的阅读环境。艺术展览区则可以展示馆藏艺术品、举办文化活动等，提升图书馆的文化氛围和影响力。图书馆还需要注重绿色环保和可持续性发展。在空间设计上，应该采用节能环保的材料和设备，如 LED 灯具、节能空调等，降低能源消耗，减少环境污染。同时，图书馆也应该注重空间利用效率，合理规划空间布局，避免资源的浪费。图书馆还需要注重与读者的互动和沟通。可以通过问卷调查、座谈会等方式了解读者的需求和意见，及时调整空间布局和设施配置，提高图书馆的满意度和服务质量。

（二）图书馆空间的可变性与灵活性设计

为了更好地满足读者的需求，实现可变性，图书馆空间设计需要注重可变性和灵活性。第一，图书馆可以采用可移动的家具和设施，如可移动的书架、桌椅、电子设备等，方便读者随时调整空间布局和功能。这些可移动的家具和设施不仅方便读者使用，还可以根据不同的活动和需求进行灵活调整，提高空间的使用效率。例如，在举办讲座或研讨会时，可以将书架和桌椅移开，留出更大的空间；在阅读区，可以根据读者的需求调整桌椅的布局，提供更加舒适的环境。第二，图书馆可以采用灵活的空间分隔方式，如活动隔断、可伸缩的隔板等，根据需求快速调整空间大小和布局。这些灵活的空间分隔方式不仅可以快速地改变空间的使用功能，还可以根据不同的使用场景进行调整，提高空间的利用率。例如，在学术研究区，可以使用活动隔断将空间划分为若干个小隔间，方便读者进行深度学习和研究；在阅读区，可以使用可伸缩的隔板将空间划分为更多的阅读桌椅，满足更多读者的需求。第三，图书馆还可以采用动态的阅读模式，如自由阅读区、小组讨论区等，根据读者需求和场景变化进行调整，为读者提供更加多样化的阅读和学习体验。自由阅读区可以使阅读环境大量的书籍和资料供读者自由选择和阅读，使阅读环境更加轻松、自由；小组讨论区则可以提供更加聚焦、深入的讨论和学习空间，方便读者进行学术交流和合作。这些动态的阅读模式可以根据不同的读者需求和场景变化进行调整，使服务更加个性化。第四，图书馆还可以通过智能化技术来提高空间的可变性和灵活性。例如，可以利用智能管理系统对空间资源进行智能化管理，实现空间的灵活调度和分配；可以利用智能照明系统根据空间的使用情况自动调节照明强度和色温，提高空间的使用效率和舒适度；可以利用智能通风系统根据空间的使用情况自动调节通风量，保持空间的适宜温度和湿度。除了上述设计理念外，图书馆空间的可变性与灵活性设计还需要考虑一些其他因素。例如，图书馆应该注重空间的开放性和通透性，创造一个开放、自由、舒适的环境；应该注重空间的色彩和照明设计，营造一个温馨、舒适的阅读氛围；应该注重空间的环保和节能设计，采用绿色、环保、节能的材料和设备，降低能源消耗和环境污染。只有综合考虑这些因素，才能实现图书馆空间的最佳利用与读者需求的完美满足。

（三）图书馆空间设计中的绿色与可持续性考量

随着环保意识的不断提高，图书馆空间设计也需要注重绿色与可持续性。在绿色与可持续性考量方面，设计师可以在装修和装饰上采用环保材料，例如绿色涂料、环保家具等，以减少对环境的污染。这些环保材料不仅可以提供健康的室内环境，还能有效地减少室内空气中有害物质的含量。此外，室内空气中的污染物主要来自于装修材料的挥发，因此选择环保材料对于改善室内空气质量非常重要。除了采用环保材料外，图书馆还可以充分利用自然光和绿色植物，营造舒适、健康的阅读环境。自然光不仅可以为图书馆提供充足的照明，还能减少对人眼的刺激。为了实现这一目标，设计师需要在图书馆的建筑结构和布局中充分考虑光线的进入和利用。在布局上，可以将阅读区域靠近窗户放置，以最大限度地利用自然光。此外，绿色植物不仅可以美化图书馆的环境，还可以吸收有害气体、净化空气，为读者提供更健康的阅读体验。图书馆还可以采用节能设备和系统，如智能照明系统、节能空调系统等，以降低能源消耗和环境污染。智能照明系统可以根据实际需求来调节光照强度和照明时间，避免能源的浪费。节能空调系统可以通过控制温度和湿度来提供舒适的室内环境，同时减少能源的消耗。此外，图书馆还可以安装太阳能电池板来利用可再生能源，以进一步减少对传统能源的依赖。除了绿色与可持续性考量外，设计师在图书馆空间设计中还需要兼顾读者的人身安全和健康问题。首先，对于阅览室、借阅室等场所，要保证良好的通风换气，以确保读者呼吸到新鲜、清洁的空气。这可以通过合理设置通风设备和合理建筑布局来实现。其次，设计师还需要避免使用散发有害气体的涂料或家具，以避免对读者身体造成危害。同时，室内的温湿度也需要适宜，过高或过低的温湿度可能会影响读者的舒适感和健康状况。设计师可以通过合理设置空调系统和湿度控制系统来实现室内温湿度的调节。此外，为了确保读者在阅读过程中不受到干扰，设计师还需要控制室内的噪声干扰，例如通过隔音材料和合理的布局来减少噪声传播。

第四章

文旅融合背景下图书馆的数字化转型

一、受文旅融合影响的图书馆数字化服务需求

（一）文旅融合对图书馆数字化服务的影响

随着文旅融合的不断发展，图书馆数字化服务受到了很大的影响。在过去，图书馆主要以提供纸质书籍为主要服务内容，但随着数字化技术的不断进步，图书馆的服务方式也发生了巨大的变化。首先，文旅融合为图书馆提供了更多样化的数字化服务内容。传统的图书馆主要提供书籍的借阅服务，而在文旅融合的背景下，图书馆可以通过数字化技术提供更多元化的服务内容。比如，图书馆可以开设在线图书馆，为读者提供电子书籍的阅读和下载服务；可以举办在线讲座、研讨会等活动，让读者通过网络参与学术交流；可以推出手机APP，方便读者随时随地查找图书馆的资

源。这些数字化服务内容的丰富，使图书馆不再局限于传统的纸质书籍服务，开始为读者提供更多元、更便捷的服务。第二，文旅融合提高了图书馆数字化服务的覆盖范围。在传统的图书馆服务中，读者需要亲自到图书馆才能享受到服务。而通过文旅融合，图书馆的数字化服务可以通过互联网传达到更广泛的读者群体中。无论是城市居民、农村居民还是国外读者，只要有互联网连接，就可以享受到图书馆的数字化服务。这种数字化服务覆盖范围的扩大，不仅方便了读者，也提高了图书馆的知名度和影响力。第三，文旅融合拓展了图书馆数字化服务的形式。传统的图书馆服务主要以纸质书籍借阅为主要形式，而文旅融合使图书馆的数字化服务形式更加多样。比如，图书馆可以利用虚拟现实和增强现实技术，为读者提供沉浸式的阅读体验；可以利用大数据分析技术，为读者提供个性化的推荐服务；可以与其他文创机构合作，开展数字化文创产品的开发和销售。这些新形式的数字化服务，不仅能够吸引更多读者，也能够提高读者对图书馆的使用和满意度。最后，文旅融合促进了图书馆数字化服务的创新发展。文旅融合将图书馆与其他文旅机构融为一体，使图书馆在数字化服务方面能够借鉴其他相关机构的经验和技术。比如，图书馆可以借鉴博物馆的虚拟展览技术，将自己的特色藏书通过网络展示给读者；可以借鉴艺术馆的在线课程设计，开设更多领域的学习项目。这些创新的数字化服务，为图书馆带来了更新的发展动力，也为读者提供了更好的服务体验。

（二）图书馆数字化服务的创新与拓展

随着数字技术的快速发展和普及，图书馆的数字化服务也得到了创新和拓展。一是图书馆数字化服务的内容得到了丰富和扩展。过去，图书馆的数字化服务主要是将图书馆馆藏的图书、期刊等文献资源进行数字化处理，然后通过网络提供给读者进行检索和借阅。然而，随着互联网和移动互联网的发展，图书馆的数字化服务已经不仅仅局限于文献资源的数字化，还包括各种多媒体资源的数字化，比如音视频资源、电子地图、电子档案等。这些丰富的数字化资源不仅增加了读者获取信息的途径，也提高了读者的阅读体验。二是图书馆数字化服务的形式也得到了创新。过去，图书馆的数字化服务主要是通过图书馆自己的网站或者在线图书馆界面提供给读者使用。然而，如今图书馆数字化服务的形式已经多种多样，比如通过 APP 提供数字化服务、通过社交媒体平台与读者进行互动、通过实体设备（如借阅自动机、自助复印机等）提供快捷的数字化服务等。这些新形式的数字化服务使得读者可以在任何时间、任何地点都能够方便地获取到图书馆的资源和服务。三是图书馆数字化服务的使用方式也得到了创新。过去，图书馆的数字化服务主要是通过用户自主检索和借阅的方式进行使用。然而，随着人工智能技术的发展，图书馆的数字化服务也开始变得更加个性化、精准代、智能化。通过分析读者的阅读偏好和历史借阅记录，图书馆可以向读者推荐适合他们的图书和资源，提高图书馆数字化服务的使用效果和满意度。四是图书馆数字化服务的管理和评估也得到了创新。过去，图书馆的数字化服务主要是由图书馆自己进行管理和评估。然而，现在很多图书馆开始将数字化服务的管理和评估外包给专业机构或合作伙伴进行，以提供更专业和高效的服务。同时，图书馆也开始采用用户满意度调查等方法来评估数字化服务的质量和效果，以不断改进和提升服务水平。

（三）图书馆数字化服务的推广与普及

随着信息技术的不断发展，图书馆数字化服务已经成为图书馆发展的必然趋势。图书馆数字化服务的推广与普及对于提高图书馆服务水平、满足读者需求、促进信息共享具有重要意义。第一，图书馆数字化服务的推广与普及可以提高图书馆的服务水平。传统的图书馆存在着书籍有限、借阅方式受限等问题，难以满足读者多样化的需求。而数字化服务可以通过提供电子图书、期刊、报纸等资源，实现图书馆藏书的无限扩展，满足读者的多样化需求。此外，数字化服务还可以提供在线阅读、远程访问等便利的服务方式，提高了图书馆的服务效率和便捷性。第二，图书馆数字化服务的推广与普及有助于满足读者的需求。随着社会的发展，读者对于信息获取的需求越来越多样化。有些读者可能需要查找特定领域的学术期刊文章，有些读者可能需要获取最新的报纸刊物，有些读者可能需要借阅电子图书。数字化服务通过提供丰富的资源和多样化的服务方式，能够更好地满足读者的需求，提高读者的满意度。第三，图书馆数字化服务的推广与普及可以促进信息共享。数字化服务可以将图书馆的资源数字化，并通过网络平台进行展示和共享。这样不仅可以使图书馆的资源得到更好的传播和利用，也可以促进各个图书馆之间的资源共享。通过数字化服务，读者可以更方便地获取各个图书馆的资源，同时也可以将自己的研究成果和信息上传到网络平台上，与其他读者进行交流和共享。这样可以打破地域限制，促进信息的流动和共享，提高整个社会的智力水平和创新能力。第四，图书馆数字化服务的推广与普及还可以促进图书馆的转型升级。传统的图书馆主要以纸质图书为主要收藏形式，而数字化服务的兴起将图书馆引入了数字时代。数字化服务需要图书馆改变传统的图书收藏和服务模式，引入新的技术手段，加强与信息技术企业的合作，提高数字化服务的质量和效果。图书馆数字化服务的推广与普及不仅能够提升图书馆的服务水平，还能够带动整个图书馆行业的转型和创新。

二、图书馆数字化资源与旅游信息整合创新

（一）图书馆数字化资源的整合与共享

图书馆作为信息时代的标志性产物，一直以来都是信息资源的集散地。在这个信息爆炸的时代，图书馆的重要性愈发凸显，尤其是在数字化资源的收集、整理和利用方面，图书馆扮演着举足轻重的角色。随着科

技的进步，图书馆的资源不再局限于传统的纸质书籍和期刊，而是扩展到了数字化资源领域，如电子书、电子期刊、数据库、网络资源等。为了更好地发挥这些数字化资源的价值，图书馆需要对其进行有效的整合与共享。为了实现数字化资源的有效整合，图书馆应建立一套完善的数字化资源管理系统。这一系统应涵盖资源的统一存储、管理和检索等功能，使得图书馆的各类数字化资源能够得到有效的管理和利用。同时，通过采用先进的技术手段，如云计算、大数据和人工智能等，可以提高资源管理的效率，减少冗余和浪费，从而更好地满足用户的需求。为了实现数字化资源的共享，图书馆可以通过建立数字化资源联盟的方式与其他图书馆和相关信息机构进行合作。这种合作模式可以打破地域和资源的限制，实现资源的优化配置和共享。此外，通过联盟的形式，还可以促进各图书馆之间的信息交流和学术合作，进一步推动图书馆事业的发展。除了建立数字化资源联盟外，图书馆还可以通过互联网和移动终端向公众提供便捷的数字化资源服务。随着互联网的普及和移动设备的广泛使用，人们获取信息的途径越来越多样化。因此，图书馆应充分利用互联网和移动终端的优势，向公众提供多样化的数字化资源服务，如在线阅读、数据库访问、学术搜索等。这样不仅可以扩大图书馆的影响力，还可以让更多的人受益于这些宝贵的资源。此外，为了提高数字化资源的服务质量，图书馆还需要注重对用户需求的分析和挖掘。通过收集和分析用户的使用数据，可以了解用户的兴趣爱好和需求变化，进而提供更加个性化和精准的资源服务。同时，图书馆还可以通过与其他机构合作，开展数字化资源的推广和普及活动，提高公众对数字化资源的认知度和使用率。在数字化资源整合与共享的过程中，图书馆还需要注重知识产权保护和信息安全问题。数字化资源涉及大量的知识产权问题，如版权、专利等。因此，图书馆在整合和共享资源时，需要遵守相关法律法规，尊重知识产权，避免侵权行为的发生。同时，图书馆还需要加强信息安全的管理，保护用户信息和数据的安全，避免信息泄露和网络攻击的风险。

（二）图书馆旅游信息服务的创新与优化

在当前的信息化社会，图书馆作为文化传播的重要场所，不仅拥有丰富的纸质文献资源，还拥有大量的数字化资源，这为图书馆在旅游信息服务方面提供了独特的优势。为了更好地满足旅游者的信息需求，图书馆需要不断创新和优化服务方式，提供更加丰富和个性化的旅游信息服务。

一是建立旅游信息数据库。图书馆可以利用自身的数字化资源，建立旅游信息数据库，为旅游者提供实时、准确的旅游信息。这一方面可以充分利用图书馆的数字化资源，另一方面也可以为旅游者提供更加便捷和高效的服务。在建立旅游信息数据库时，图书馆需要收集各种与旅游相关的信息，包括景点介绍、交通信息、住宿餐饮、娱乐活动等，并对这些信息进行分类、整理和整合，以便于旅游者查询和使用。二是开展线上线下相结合的旅游主题活动。除了提供数字化的旅游信息服务外，图书馆还可以开展线上线下相结合的旅游主题活动，如旅游讲座、旅游分享会等，吸引更多的旅游爱好者参与。这些活动不仅可以提高图书馆的知名度，增加读者的黏性，还可以为旅游者提供更多的信息和建议，帮助他们更好地规划自己的旅程。三是与旅游企业合作。图书馆还可以与旅游企业合作，提供定制化的旅游服务，满足不同游客的需求。这种合作方式可以充分利用图书馆和旅游企业的资源和服务优势，为游客提供更加全面和专业的服务。在合作过程中，图书馆可以提供旅游信息咨询服务和实时、准确的旅游信息；旅游企业则可以提供专业的导游服务、行程安排等。通过这种合作方式，游客可以获得更加优质、个性化的旅游体验。四是利用社交媒体平台。社交媒体平台是当前信息传播的重要渠道之一，图书馆可以利用社交媒体平台宣传和推广旅游信息服务。通过建立相应的社交媒体账号，发布有关旅游的信息和攻略，吸引更多的用户关注并进行互动。此外，图书馆还可以利用社交媒体平台与用户进行互动交流，收集用户的反馈和建议，不断改进和优化服务。五是加强与其他机构的合作。图书馆还可以加强与其他机构的合作，如旅行社、景区、酒店等，共同为游客提供更加全面和专业的旅游信息服务。通过合作，图书馆可以获得更多的旅游资源和服务支持，同时也能够为游客提供更加优质和个性化的服务体验。

（三）图书馆数字化资源与旅游信息的融合应用

在当今信息化社会，图书馆的数字化资源与旅游信息的融合应用，正在成为一种新的发展趋势。这种融合不仅可以实现资源共享和优势互补，为旅游者提供更加全面深入的服务，同时也能为图书馆带来新的发展机遇。第一，图书馆可以利用数字化资源，开展深入的旅游目的地研究。通过大数据和人工智能等技术，图书馆可以精准地分析旅游目的地的历史、文化、景观、美食、风俗等各方面的信息，为旅游者提供详尽的目的地指南。这些信息不仅包括实时的景点开放状态、交通状况，还包括一些隐藏的、但极具特色的旅游点，这些都将在数字化资源的支持下得以呈现。第二，图书馆可以结合旅游线路和景点，推荐相关的阅读资料，引导旅游者深入了解旅游目的地。图书馆拥有丰富的纸质和电子图书资源，这些资源可以与旅游信息相结合，为游客提供更具深度和广度的阅读体验。例如，图书馆可以推荐与景点相关的历史、文化、艺术等领域的书籍，或者是一些游记、攻略类的作品，帮助游客更全面地了解旅游目的地的内涵。第三，图书馆还可以利用虚拟现实（VR）技术、增强现实（AR）技术等，打造线上旅游体验平台。这一平台将使游客在线上就能感受到旅游目的地的魅力，从而激发他们出行的欲望。通过虚拟现实技术，游客可以足不出户地参观景点、感受氛围，这将大幅提升旅游的便利性和吸引力。在具体实践中，图书馆应根据自身特色和优势，积极探索数字化资源与旅游信息的融合创新。一些具有地方特色的图书馆，如位于某个特定地区的图书馆，可以重点开发本地区的旅游资源，为游客提供具有当地特色的旅游信息。这些信息可能包括地方的历史、文化、风俗等独特元素，为游客带来不一样的旅游体验。一些具有专业特色的图书馆，如历史图书馆、艺术图书馆等，可以深入挖掘旅游目的地的专业内涵，为游客提供专业的旅游信息服务。这些图书馆在历史、艺术等领域有着深厚的积累，可以将其专业知识运用到旅游信息服务中，为游客提供更具专业性的旅游建议和体验。通过这种方式，图书馆不仅可以提升自身的服务质量和水平，还可以为旅游业的发展做出贡献。旅游业是许多国家和地区的支柱产业，而优质的旅游信息服务则是推动旅游业发展的重要驱动力。图书馆作为社会文化服务的重要机构，通过对旅游信息的融合应用，可以更好地满足游客的需求，提供更全面、更深入的服务，进而推动旅游业的发展。同时，这种融合也给图书馆带来了新的发展机遇。传统的图书馆服务主要围绕纸质资源展开，而数字化资源的加入，可以使图书馆的服务范围更广、服务方式更多样。这种融合应用也是图书馆在信息化时代自我创新、自我发展的必由之路。

三、图书馆数字化转型策略与实施经验分享

（一）图书馆数字化转型的战略规划

在进行图书馆数字化转型的过程中，制定明确的战略规划是至关重

要的。首先，图书馆需要明确数字化转型的目标和愿景，以便为其提供一个明确的方向和动力。在确定了转型的目标和愿景后，图书馆需要进一步确定数字化转型的重点和方向。这将有助于图书馆聚焦于最具潜力的领域，并在资源分配和投资决策上做出明智的决定。接下来，图书馆需要识别和分析现有的数字化水平和资源。这包括了解图书馆目前拥有的技术、设备和工具，以及所拥有的数字资源和服务。通过分析，图书馆可以评估其现有水平与转型目标之间的差距，以便为下一步的改进和提升做好准备。在识别和分析现有资源的基础上，图书馆需要制定具体的数字化转型策略和行动计划。这个计划应该涵盖技术建设、资源整合、人力培养等多个方面。技术建设方面，图书馆需要确定所需的数字技术和系统，以确保能够提供高质量的数字服务。这可能包括建立新的信息系统、更新现有的技术设备，以及引进新的数字技术。此外，图书馆还需要考虑如何将这些技术整合到现有的业务模式和流程中，以实现数字体验的良好效果。资源整合方面，图书馆需要评估如何将现有的数字资源和服务进行优化和整合，以便为用户提供更加全面和个性化的服务。这可能包括将各种数字资源进行分类、整理和优化，以便更好地检索和使用。此外，图书馆还需要考虑如何与其他图书馆、机构和企业进行合作，以实现资源的共享和互换。人力培养方面，图书馆需要制订培训和发展计划，以提高图书馆员和用户的数字技能和素养。这包括提供在线和面对面的培训课程、举办数字技能研讨会和讲座等。此外，图书馆还需要考虑如何吸引和留住具有数字技能的人才，以支持数字化转型的成功。除了以上三个方面的具体策略和行动计划外，图书馆还需要制定有效的监测和评估机制，以确保数字化转型的方向和策略得到不断优化和完善。监测和评估机制应该包括定期的绩效评估、用户反馈、数据分析和总结报告等环节，以便及时发现问题并进行调整和改进。此外，该机制还应该包括对数字化转型的长期影响的评估，以确保数字化转型不只是一个短期项目，而是能够为图书馆的长远发展奠定基础的。通过制定清晰的战略规划，图书馆可以确保数字化转型的方向正确、资源充足、团队有力和效果显著。这不仅有助于提高图书馆的服务质量和效率，还有助于提高用户的满意度和忠诚度，使图书馆获得长足的发展。

（二）图书馆数字化转型的实施经验

在当前数字化浪潮的冲击下，图书馆数字化转型已经成为一种必然的趋势。图书馆作为信息传播的重要载体，承担着传承人类文明促进知识传播的重要职责。为了更好地肩负起这一职责，图书馆必须顺应时代发展的潮流，实现自身的数字化转型。第一，必须始终坚持以用户需求为导向，将用户放在数字化转型的核心位置。这是因为图书馆的存在和发展都是为了满足用户的需求，如果脱离了用户需求，图书馆的数字化转型就失去了方向和意义。因此，在数字化转型过程中，要充分研究和分析用户的需求，提供符合用户需求和期望的数字化服务和资源。这包括但不限于提供便捷的检索系统、个性化的推荐服务、丰富多样的数字资源等。同时，还要注重用户体验，确保用户在享受数字化服务的过程中能够获得舒适、便捷的体验。第二，强化信息技术能力和人才培养是图书馆数字化转型的重要保障。在数字化时代，信息技术已经成为图书馆运营的重要支撑。因此，图书馆必须加强对相关技术人员的培训和引进，提升其数字化技能和专业能力。这不仅包括计算机技术、网络技术等方面的培训，还包括信息挖掘、数据分析等方面的能力培养。此外，图书馆还应通过组织培训和知识分享活动，提升全体员工的数字化素养。这有助于形成一个全员参与的数字化转型氛围，从而推动图书馆数字化水平的整体提升。第三，加强与外界的合作与开放是图书馆数字化转型的关键。在数字化时代，资源、技术、信息等要素的流动和共享已经成为一种趋势。图书馆要想实现数字化转型，就必须打破传统的封闭式发展模式，与各类教育机构、科研机构、行业企业等建立合作关系。通过共享数字资源和技术成果，图书馆可以更好地满足用户需求，提升自身的服务能力。同时，这种合作与开放也有助于图书馆借鉴和吸收其他机构的优秀经验，推动自身数字化转型的进程。第四，持续推动创新和改进是图书馆数字化转型的永恒主题。数字化转型是一个不断发展和演进的过程，没有任何一种技术和模式能够一成不变地满足未来发展的需求。因此，图书馆必须具备创新意识，进行创新和改进。这包括调整战略和策略，以适应数字化时代的变化；积极探索新的服务模式和技术应用，以提升服务质量；同时，还要关注行业动态，紧跟时代发展的潮流。

（三）图书馆数字化转型的挑战与应对策略

图书馆数字化转型的过程中会面临许多挑战，需要采取相应的应对策略。第一，数字化转型需要投入大量的资金和资源。图书馆需要制定合理的预算，确保数字化转型的顺利推进。这可以通过进行详细的需求分析和预算编制来实现。图书馆可以评估数字化转型所需的硬件设备、软件工具、专业人员等方面的资源，并将这些资源列入预算。此外，图书馆还可以通过争取政府支持或寻找赞助商等方式获取资金支持。第二，数字化转型需要技术支撑和平台建设。图书馆需要选择合适的技术和平台，并保持与技术供应商的良好合作关系。在选择技术和平台时，图书馆应该考虑到自身的需求和特点，选择能够满足自身要求的技术和平台。同时，图书馆还需要与技术供应商建立良好的合作关系，以便能够及时获取技术支持和维护服务。图书馆可以定期与技术供应商开展会议或培训，了解最新的技术动态，并共同探讨技术应用和问题的解决。第三，图书馆需要加强对数字化技术的研究和掌握，提高自主创新和自主运营能力。数字化转型不仅仅是应用技术，还需要对技术进行研究和深入理解。图书馆可以组织专门的团队或委托专业机构进行技术研究和培训，提高员工的数字化技术水平。此外，图书馆还可以与高校、科研院所等机构合作，开展相关研究项目，提升自身的技术研发能力。通过这些措施，图书馆能够更好地应对数字化转型过程中的技术挑战，实现自主创新和自主运营。第四，数字化转型涉及大量的数据处理和管理。图书馆需要建立完善的数据管理机制和数据保护措施，确保数字化资源的安全和可持续发展。图书馆应该制定统一的数据管理规范，包括数据采集、存储、整理、共享等方面。图书馆还需要建立数据备份和恢复机制，确保数据的安全性和可靠性。此外，图书馆还应该制订数据保护政策，明确数据的使用权限和规则，加强对数据的监控和保护。通过这些措施，图书馆能够更好地管理和利用数字化资源。第五，数字化转型需要与图书馆的传统工作进行有效整合。图书馆需要制订合理的转型计划，实现数字化转型与传统服务的有机结合。首先，图书馆应该进行全面的需求分析，了解用户的需求和期望，确定数字化转型的目标和方向。然后，图书馆应该根据自身的实际情况，制订具体可行的转型计划，包括人员培训、服务调整、资源配置等方面的内容。同时，图书馆还应该注重与用户的沟通和互动，积极收集和反馈用户的意见和建议，不断优化服务品质和用户体验。

第五章

文旅融合背景下图书馆的社区参与
与公众教育

一、图书馆与社区合作的意义与价值

（一）图书馆与社区合作的模式与机制

图书馆与社区的合作模式多种多样，并且随着时代的进步与发展，这种合作模式也在不断地完善和丰富。这种合作不仅有助于提升社区居民的文化素养和阅读兴趣，还能为社区居民提供更丰富的信息和服务。一是资源共享模式。资源共享模式是图书馆与社区共同利用资源，提供给居民更丰富的信息和服务的一种方式。通过这种方式，图书馆能够将更多的资源传递到社区，满足社区居民的信息需求。同时，社区也能借助图书馆的资源，提升自身的文化氛围和居民的生活质量。二是活动联办模式。该模式是图书馆与社区共同举办各类文化活动，如讲座、展览、读书会等的一种方式。通过这种方式，图书馆能够将自身的文化影响力延伸到社区，同时也能提升社区的文化氛围和居民的阅读兴趣。社区也能借助图书馆的专业知识和资源，举办更有深度和广度的活动。三是服务延伸模式。该模式是指图书馆将服务拓展到社区，如建立社区分馆、流动图书馆等，使居民能够更便捷地使用图书馆资源。通过这种方式，图书馆能够将服务深入到社区的各个角落，满足更多居民的信息需求。同时，也能提升图书馆的服务质量和效率。四是人员交流模式。该模式是图书馆与社区之间的人员互动，如图书馆员参与社区工作，社区工作者协助图书馆服务等。通过这种方式，双方能够更好地了解彼此的需求和工作方式，从而更好地协调工作，提升服务质量。

为了确保以上合作模式的顺利进行，双方需要建立一套有效的合作机制。这包括但不限于定期协商机制、活动策划与执行机制、人员培训与交流机制等。这些机制的运行能够帮助双方更好地协调工作、共享资源、提升服务质量和效率。定期协商机制是双方定期就合作事宜进行沟通和讨论的机制，以确保双方的目标和需求得到充分的了解和满足。活动策划与执行机制则是双方共同策划和执行各类活动，以确保活动的质量和效果。人员培训与交流机制则是通过定期的培训和交流，提升双方工作人员的专业素质和服务能力。

(二）图书馆与社区合作的效果评估

图书馆与社区合作的效果评估是确保合作能否成功的重要手段。合作的成功与否可以通过多个评估指标来衡量，这些指标涵盖了居民满意度、活动参与度、资源利用率、服务质量提升等方面。通过定期的效果评估，图书馆和社区可以及时了解到合作所取得的成绩，发现问题，并进行改进，以确保合作的持续发展和优化。居民满意度是评估图书馆与社区合作效果的一个重要指标。居民对合作活动的满意程度可以反映合作是否达到了他们的期望，以及是否对他们的生活质量产生了积极的影响。可以通过面对面的访谈、调查问卷等方式来获取居民的反馈，并进行定性和定量的分析。根据居民的反馈意见，图书馆和社区可以了解到哪些方面需要进一步改进和加强，以提高居民参与合作的积极性和满意度。活动参与度也是评估合作效果的一个重要指标。通过社区合作活动的参与人数和参与率，可以判断社区居民对合作活动的兴趣和参与程度。可以通过统计数据或者直接观察社区活动的参与情况来评估活动的参与度。如果参与度较高，说明社区居民对合作活动更感兴趣，同时也说明合作获得了更广泛的认可和支持。资源利用率也是衡量合作效果的一个重要指标。社区合作旨在通过共享资源来提供更多的服务和机会，因此资源的利用率是评估合作成功与否的一个关键因素。可以通过统计合作期间图书馆的资源借阅率、设备使用率等指标，来评估资源的利用情况。如果资源利用率较高，说明社区居民从合作中获益较多，合作的效果比较显著。服务质量提升是评估合作效果的另一个重要指标。社区合作的目的是改善社区居民的生活质量，提供更好的服务。因此，评估合作的效果也需要关注服务质量的提升情况。可以通过调查问卷、用户满意度调查等方式来了解居民对图书馆服务质量的评价。如果服务质量有所提升，可以说明合作对提升居民生活质量起到了积极的作用。

通过定期进行效果评估，图书馆和社区可以及时了解到合作的成效，发现问题并进行改进。例如，如果居民满意度较低，可以通过提供更多具有吸引力的活动、改善服务质量等方式来增加居民的满意度。如果活动参与率较低，可以通过宣传推广、提供更多选择等方式来吸引更多居民参与合作。如果资源利用率较低，可以通过提供更多便利的资源共享方式来增加资源的利用率。如果服务质量还有提升空间，可以通过加强员工培训和提升设备设施等方式来提高服务质量。

（三）图书馆与社区合作的案例分享

在当今社会，图书馆与社区的合作已经成为一种趋势，并且这种合作模式在许多地方都取得了显著的成功。以下是一些图书馆与社区合作的成功案例：

1.北京朝阳区图书馆与社区合作项目

北京朝阳区图书馆与各个社区建立了紧密的合作关系，通过建立社区分馆、举办文化活动等方式，将图书馆服务延伸到居民身边。这种合作模式不仅提高了图书馆资源的利用率，而且为社区居民提供了更为便捷和丰富的阅读资源。此外，朝阳区图书馆还与各个社区共同举办各种文化活动，如音乐会、艺术展览等，进一步丰富了社区居民的文化生活。通过这种合作模式，朝阳区图书馆与社区之间的关系更加紧密，形成了良好的互动关系。这种互动关系不仅有助于提高图书馆的服务质量，也有利于社区文化的繁荣发展。

2. 上海长宁区图书馆与社区阅读推广项目

长宁区图书馆与区内各个社区合作，开展阅读推广活动。这些活动包括读书会、讲座、阅读分享会等，旨在提高居民的阅读兴趣和阅读能力。通过这些活动，社区居民不仅可以在轻松愉悦的氛围中享受阅读的乐趣，还可以与其他读者交流阅读心得，分享自己的读书经验。这些活动还有助于促进社区文化的繁荣发展，增强社区的凝聚力。长宁区图书馆还积极推广数字化阅读资源，为社区居民提供在线阅读平台和电子书资源，以满足不同年龄段和阅读兴趣的居民的阅读需求。这种合作模式不仅提高了图书馆资源的利用率，而且为社区居民提供了更为便捷和丰富的阅读资源。

3. 广州图书馆与社区文化共建项目

广州图书馆与多个社区开展文化共建项目，通过共享资源、联办活动等方式，为社区居民提供丰富多样的文化服务。这些项目包括亲子阅读活动、老年读者俱乐部、讲座和展览等。通过这些活动，广州图书馆将优秀的阅读资源传递给更多的社区居民，同时也丰富了社区的文化氛围。此外，广州图书馆还积极推广数字图书馆资源，为社区居民提供在线阅读平台和电子书资源，以满足不同年龄段和阅读兴趣的居民的阅读需求。这种合作模式不仅提高了广州图书馆的服务覆盖面，增强了其社会影响力，也增强了社区的文化氛围，促进了社区文化的繁荣发展。

这些成功的案例表明，图书馆与社区的合作可以带来许多好处。首先，这种合作可以提高图书馆资源的利用率，扩大图书馆的影响力。其次，这种合作可以丰富社区居民的文化生活，提高他们的阅读兴趣和阅读能力。最后，这种合作可以增强社区的文化氛围，促进社区文化的繁荣发展。

二、图书馆公众教育活动的创新与实施

（一）图书馆公众教育活动的目标与内容

图书馆公众教育活动的目标是促进公众的知识获取能力、信息素养提升和文化素质发展，通过丰富多样的教育活动，吸引公众走进图书馆，增加图书馆的受众群体，提高公众对图书馆的认知度和满意度，推动图书馆的社会影响力和文化建设。图书馆公众教育活动的内容通常包括几个方面。一是图书馆参观活动。通过组织公众参观图书馆，向公众展示图书馆

的设施、收藏和服务等，让公众了解图书馆的功能和资源，激发对图书馆的兴趣和好奇心。图书馆可以定期开展开放日活动，让公众有机会深入了解图书馆的内部运作和文化氛围。二是读书推广活动。图书馆可以举办各类读书推广活动，包括读书分享会、读书沙龙、读书节等，组织读书爱好者交流分享读书心得和推荐好书，激发公众的阅读兴趣和热情。此外，图书馆还可以邀请知名作家、学者来图书馆举办讲座和讲学活动，引导公众深入思考探讨文学和学术问题。三是数字资源培训活动。图书馆可以开展各类数字资源培训活动，教授公众如何使用图书馆的电子资源和数据库，提高公众的信息获取能力和信息素养水平。图书馆可以组织电子资源查询培训、文献检索技巧讲座等，帮助公众学会利用网络和数字资源获取准确、及时的信息。四是文化艺术活动。图书馆可以与文化机构、艺术团体合作，举办音乐会、文化讲座、艺术展览等各类文化艺术活动，丰富公众的文化生活。这些活动可以涵盖文学、音乐、绘画、摄影等多个方面，让公众有机会欣赏和参与各种艺术形式，提升文化素质和审美能力。五是社区服务活动。图书馆可以与社区居民合作，开展各类社区服务活动，提供阅读推广、信息咨询、文献传递等多种服务。图书馆可以在社区公共场所设置阅读角、移动图书馆等，方便公众接触图书馆资源，培养公众的阅读习惯和学习需求。

（二）图书馆公众教育活动的形式与创新

图书馆公众教育活动是图书馆服务的重要组成部分，旨在提高公众的阅读兴趣和阅读能力，培养公众的自主学习能力和信息素养。在当今信息化时代，图书馆公众教育活动的形式也需要不断创新，以满足读者的多样化需求。图书馆公众教育活动的形式可以包括几个方面。一是讲座与培训。这是图书馆最传统和常见的教育活动形式，通常包括专家讲座、图书导读、信息检索技能培训等。这种形式的优点在于针对性强，可以根据读者的需求和兴趣进行有针对性的培训。同时，图书馆可以通过与专家、学者合作，邀请他们举办讲座，提升讲座的内容质量和吸引力。二是读书会与讨论会。读书会和讨论会可以提供一个自由交流的平台，让读者互相分享读书心得和观点。这种形式的优点在于能够激发读者的阅读兴趣，提高他们的阅读能力和思考能力。同时，图书馆可以组织不同类型的讨论会，如主题讨论会、作者讨论会等，以满足不同读者的需求。三是互动式学习活动。互动式学习活动是一种新颖的教育形式，它通过游戏、竞赛、角色扮演等方式，让读者在轻松愉快的氛围中学习知识。这种形式的优点在于能够吸引更多的读者参与，提高他们学习的积极性和兴趣。同时，图书馆可以通过设计互动式学习活动，增强活动的趣味性和参与性。四是数字教育资源推广。随着数字化技术的发展，数字教育资源在图书馆的教育活动中越来越重要。图书馆可以通过推广数字教育资源，如电子图书、在线课程、学习平台等，帮助读者获取更多的学习资源。同时，图书馆还可以通过数字教育资源的推广，提高自身的数字化服务水平，增强自身的竞争力。五是创新教育形式。在信息化时代，图书馆公众教育活动的形式也需要不断创新。例如，可以利用虚拟现实（VR）技术、增强现实（AR）技术等现代科技手段，设计新颖的教育活动形式，吸引更多的读者参与。同时，可以与社交媒体、在线教育平台等合作，拓宽教育活动的渠道和受众范围。

为了更好地推动图书馆公众教育活动的创新发展，图书馆需要注重以下几个方面。一是强化合作与交流。图书馆之间可以加强合作与交流，共同探索新的教育活动形式和方法。通过共享资源、互相学习、互相借鉴，可以创造出更多具有创新性和趣味性的教育活动，以满足不同读者的需求。同时，也可以与其他机构、企业等合作，拓宽教育活动的渠道和资源。这不仅可以增加活动的多样性，还可以引入更多的专业知识和资源，提高活动的质量和效果。二是注重用户体验。图书馆公众教育活动的目的是提高读者的阅读兴趣和阅读能力，因此需要从读者的角度出发，注重活动的趣味性和互动性。在设计活动时，需要考虑到读者的需求和兴趣，了解他们的阅读习惯和偏好，以此为出发点来设计活动的内容和形式。可以通过引入更多的互动环节、增加活动趣味性、提供个性化的阅读推荐等方式，提高读者的参与度和满意度。三是培养专业人才。图书馆需要培养一支具备专业知识和技能的公众教育团队，以便更好地组织和开展教育活动。团队成员需要具备广泛的知识面和良好的沟通能力，能够为读者提供个性化的服务和指导。他们还需要不断学习和更新自己的知识，以适应教育活动不断发展的需要。通过培养专业的教育团队，可以更好地组织和开展各种教育活动，提高活动的质量和效果。四是评估与反馈。图书馆需要对公众教育活动进行定期评估和反馈，了解活动的成效和不足之处。这有助于及时发现问题和不足，以便进行改进和优化。评估和反馈还可以帮助了解读者的反馈和意见，从而更好地满足他们的需求和提高他们的满意度。通过评估和反馈，可以不断优化活动内容和形式，进一步提高活动的质量和效果。

（三）图书馆公众教育活动的实施与评价

图书馆的公众教育活动在图书馆的服务中起着重要的作用。通过这些活动，图书馆可以提供丰富的知识和信息资源，帮助读者提高阅读能力，提升文化素养，并培养读者对图书馆的认可度。为了有效地实施图书馆的公众教育活动，需要制订详细的活动计划。在活动计划中，必须明确活动的目的、内容、时间和地点等相关要素。活动的目的是指活动想要达到的最终效果，可以是提升阅读能力、提高文化素养等。活动的内容则是指活动的具体形式，如读书分享会、讲座、展览等。活动的时间需要选择适合读者参与的时间段。而活动的地点则需要根据读者的需求和图书馆的条件选择合适的场所。图书馆公众教育活动的实施还需要注意宣传和参与的问题。图书馆可以通过多种途径对活动进行宣传，如制作海报、在社交媒体上发布活动信息、向学校和机构发送邀请函等。同时，图书馆还可以通过预约系统或报名表来了解读者的参与情况，以便做好准备工作。另外，图书馆公众教育活动的实施还需要保证活动内容的质量。活动内容应与读者的需求相匹配，要与读者的实际情况密切结合，选择有意义和吸引人的主题和形式。在活动中，需要鼓励读者积极参与，可以通过提问、讨论、互动游戏等方式提高读者的参与度和学习效果。最后，图书馆公众教育活动的评价是提高活动质量的重要手段。评价可以通过问卷调查、访谈、反馈等形式进行。通过问卷调查，可以了解读者对活动的满意度、对图书馆服务的认可度等。而通过访谈，可以深入了解读者的反馈意见和建议。根据评价结果，图书馆可以对活动进行改进和优化，提高活动的质量和效果。

三、图书馆在文旅融合中的社会影响力与社区服务效果评估

（一）图书馆在文旅融合中的社会影响力评估

图书馆在文旅融合中的社会影响力评估对于了解图书馆在社会发展中的作用和效果具有重要意义。图书馆作为文化传承与创新的重要载体，参与到文旅融合中，不仅能够丰富文化生活，还能够提升城市的形象和吸引力，推动经济发展和社会进步。因此，评估图书馆在文旅融合中的社会影

响力就显得尤为重要。第一，评估图书馆在文旅融合中的社会影响力需要考虑到图书馆对于文化传承与创新的贡献。通过丰富的图书馆藏书和资源，可以为民众提供丰富的学习和阅读材料，促进知识的传承和传播。图书馆还可以举办各种文化活动，如讲座、展览等，为民众提供更多的文化交流和学习机会。评估图书馆在文旅融合中的社会影响力可以通过统计图书馆资源利用率、参与活动人数等指标进行衡量。第二，评估图书馆在文旅融合中的社会影响力还需要考虑到图书馆对于城市形象和吸引力的提升作用。图书馆作为文化建筑物，其建筑风格和设计理念可以提升城市的美感和文化氛围。同时，图书馆还可以成为城市的地标性建筑，吸引人们前来参观游览，提升城市的知名度和城市形象。评估图书馆在文旅融合中的社会影响力可以通过调查游客满意度、参观量等指标进行衡量。第三，评估图书馆在文旅融合中的社会影响力还需要考虑到图书馆对于经济发展和社会进步的推动作用。通过文旅融合，图书馆可以与其他文化产业开展合作，形成多元化的创意产业和文化经济发展模式。例如，图书馆可以与文创企业合作推出图书馆周边产品，增加图书馆的经济收入并提供就业机会。评估图书馆在文旅融合中的社会影响力可以通过调查图书馆周边商业发展情况、与其他文化产业合作项目的收益情况等指标进行衡量。

（二）图书馆社区效果的评价指标体系

图书馆作为社区的文化中心，其社区效果的评价指标体系是多方面的，涉及图书馆的服务质量、资源建设、读者满意度和社区参与度等多个方面。以下是对这些指标的详细阐述：

1.服务质量评价指标

图书馆作为一个重要的社区文化中心，其在社会中的作用不可小觑。图书馆不仅是一个图书借阅的场所，更是人们获取知识、进行学习和交流的重要空间。因此，图书馆的服务质量成为评价其社区效果的重要指标之一。其中包括了服务态度、服务效率、服务范围和服务创新等多个方面。服务态度是图书馆服务质量的重要组成部分，它直接影响着读者的阅读体验。一个友好、热情的服务态度能够让读者感受到尊重和关怀，从而使他们对图书馆服务产生愉悦感。相反，如果服务态度不佳，读者可能会对图书馆产生反感，甚至放弃来此阅读。因此，评估图书馆的服务质量，需要通过读者满意度调查来了解他们的真实感受。这可以包括对图书馆工作人员的友好程度、专业水平、解决问题的能力等方面的评价。服务效率是衡量图书馆服务质量的另一个重要方面。服务效率体现在图书馆的开放时间、借阅流程、信息检索等方面。开放时间是否合理，是否能够满足读者的需求，是评估服务效率的一个重要指标。借阅流程的便捷与否，直接影响着读者借阅图书的效率。信息检索的速度和准确性，则关系到读者能否快速找到所需的图书和资料。这些方面都可以通过服务响应时间、借阅成功率等量化指标来衡量。服务范围则是图书馆服务质量的另一个重要方面。服务范围包括图书馆服务的覆盖面，如服务的人群、服务的内容和形式的多样性等。图书馆的服务人群包括儿童、青少年、成年人、老年人等，不同人群的需求各异，图书馆需要提供多样化的服务来满足他们的需求。同时，服务内容也应该丰富多样，包括图书借阅、信息检索、阅读指导、文化交流等。服务形式的多样化，如线上服务、线下活动、讲座培训等，可以使图书馆的服务更加贴近读者，满足他们的不同需求。最后，服务创新是图书馆服务质量的重要体现。随着科技的发展，图书馆需要不断引入新技术，开发新服务，以适应读者的需求。例如，数字化服务可以让读者在家中就能阅读到图书馆的图书和资料，在线咨询可以使读者在第一时间得到解答和帮助。服务创新不仅能够提高图书馆的服务质量，还能扩大图书馆的影响力，使其在社会中发挥更大的作用。

2. 资源建设评价指标

图书馆的资源建设是为了提供优质的服务，评价资源建设的指标主要包括资源种类、资源数量、资源更新速度和资源利用率等方面。资源种类和数量是评价图书馆藏书丰富程度的重要指标。图书馆的资源种类涵盖了各个学科领域的图书、期刊、报纸、音像资料等多种类型。这些资源的种类和数量的多样性对用户来说至关重要。丰富的资源种类意味着用户可以在各个领域找到所需的信息和知识，资源的数量也决定了用户是否能够满足自己的需求。因此，图书馆在资源建设方面需要不断扩大资源的种类和数量，以满足用户的需要。资源更新速度是评价图书馆与时代发展的适应性的指标之一。随着科技的发展和知识的更新，图书馆需要及时更新和引入新的资源。资源建设不仅包括购买新出版的图书、期刊和报纸，还包括对数字资源的采购和订阅。通过持续地更新和引入新资源，图书馆可以确保其收藏的内容与时俱进，与社会的发展保持同步。因此，图书馆需要建立起有效的资源更新机制，定期更新和补充馆藏，以满足用户对最新信息和知识的需求。资源利用率是衡量图书馆资源被社区成员广泛利用程度的指标。图书馆的资源建设不仅仅是为了收藏和提供各种类型的资源，更重要的是要确保这些资源得到有效利用。资源利用率可以通过借阅率、访问量、参与文化活动的人数等指标进行评估。图书馆可以通过开展各种形式的宣传推广和培训活动，提高用户对图书馆资源的认知和利用程度。此外，图书馆还可以通过用户满意度调查和反馈机制，了解用户对资源的需求和评价，并根据调查结果不断改进和优化资源建设。

3.读者满意度评价指标

读者满意度评价指标是评估图书馆社区效果的重要依据。图书馆作为提供服务的机构，其环境、服务和资源对读者而言至关重要。因此，了解读者对这些方面的满意程度，可以帮助图书馆提供更好的服务并满足读者的需求。评估读者满意度的方法有很多种。其中一种常见的方法是通过读者调查来收集读者的反馈和意见。这可以通过设计问卷来实现，问卷中包含关于图书馆环境、服务和资源的问题。问卷可以以纸质的形式发放给读者或者通过在线渠道进行调查。通过读者调查，图书馆可以了解读者的需求和期望，并根据调查结果进行改进和调整。例如，如果调查结果显示很多读者对图书馆的环境不满意，图书馆可以考虑进行装修或改善环境设施，以提升读者的满意度。意见箱也是评估读者满意度的一种途径。可以在图书馆的不同区域设立意见箱，鼓励读者将自己的意见和建议写在纸条上放入箱中。这种方式可以让读者在匿名的情况下表达自己的意见，不受外界压力的影响。通过意见箱收集的反馈可以帮助图书馆了解读者的意见和需求，并及时做出改进。另外，随着互联网的发展，越来越多的图书馆提供了在线评价的渠道，读者可以直接在图书馆的官方网站或社交媒体上对图书馆进行评价和留言。图书馆管理人员可以通过及时查看这些在线评价和留言，了解读者对图书馆的满意度和期望，并可以参考这些意见来改善图书馆的服务。评估读者满意度，并不只是收集意见和反馈，还需要进行数据分析和综合评估。评估的结果可以用来比较读者在不同时间段的满意度差异，也可以与其他图书馆进行对比分析。通过这种方式，图书馆可以了解自己在读者满意度方面的表现，并采取相应的措施改进。在评估读者满意度时，还需要考虑不同群体的需求。图书馆的读者群体包括不同年龄、不同职业和不同文化背景的人群。因此，在设计评价指标时需要考虑到这些差异，以便全面了解不同群体的满意度和需求。可以设计不同的问卷或者针对特定群体进行深入访谈和调研，以收集更准确和详细的反馈意见。

4. 社区参与度评价指标

社区参与度评价指标是衡量图书馆在社区中运营效果的重要标准。社区参与度主要涵盖图书馆组织的社区活动、与其他社区机构的合作关系以及图书馆在社区决策中的参与程度三个方面。通过对这些方面的评估，可以客观地评判图书馆在社区中的影响力和发展情况。首先，图书馆组织的社区活动是衡量其参与度的重要指标。这些社区活动可以包括读书会、讲座、展览等形式。通过举办这些活动，图书馆可以与社区居民进行面对面的互动和交流，提供相关知识和信息。评估这一方面，可以考虑活动的参与人数、参与率以及参与者的满意度等指标。参与人数的多少可以反映活动影响的广度，参与率则可以反映活动的受欢迎程度，而参与者的满意度则可以从另一个角度评估活动的品质。与其他社区机构的协作关系也是评价图书馆参与度的重要指标之一。社区机构包括学校、社区中心、社会团体等。图书馆与这些机构的合作可以促进资源共享、提高服务质量，丰富社区居民的文化生活。为了评估图书馆与其他社区机构的协作关系，可以考虑是否存在合作协议、共同策划和实施的项目等。通过这些合作方式，可以更好地发挥各自的优势，形成合力，为社区居民提供多样化的服务和活动。图书馆在社区决策中的参与度也是评估其参与度的重要方面。图书馆作为一种公共文化设施，在社区中具有一定的权威和影响力。通过参与社区委员会、提供咨询服务等方式，图书馆可以积极参与社区事务的决策和规划，为社区居民争取利益，推动社区发展。在评估这一方面时，可以考虑图书馆在社区决策中的参与频率、发表的意见和建议是否得到采纳等情况。这些指标可以反映图书馆在社区决策中发挥的作用和影响力。

（三）图书馆社区服务效果的提升策略与实践

1. 建立多元化的图书馆社区活动

为了提高社区居民对图书馆活动的参与度，可以通过建立多元化的图书馆社区活动来吸引更多的社区居民参与。首先，可以举办各种主题讲座，让专业人士分享自己的知识和经验。这些讲座可以涵盖各个领域，如医疗健康、艺术文化、科技发展等等，以满足不同居民的需求。通过举办这些讲座，可以提供一个学习的平台，让社区居民能够获得新的知识和见解，并且与其他居民进行交流和互动。除了主题讲座，还可以定期举办读书会活动，在图书馆内设立专门的阅读室，供居民们阅读和交流。可以邀请知名作家和读者参与这些读书会，让他们分享自己对图书馆藏书的推荐和解读。通过这种互动交流，居民可以更深入地了解图书馆的资源，并且能够增强他们对阅读的兴趣和热情。同时，这也为居民提供了一个社交平台，他们可以结识志同道合的朋友，一起探讨和分享自己的阅读体验。此外，还可以通过举办展览和比赛等活动，吸引更多社区居民的关注和参与。举办艺术展览能够展示社区居民的创作才华，可以让他们分享自己的艺术作品，并获得其他居民的认可和赞赏。举办比赛活动，如写作比赛、摄影比赛等，可以激发居民的创造力和参与积极性。通过这些展览和比赛活动，可以提高社区居民对图书馆的兴趣和活动参与度，同时也为他们提供了一个展示自己才华和能力的平台。通过建立多元化的图书馆社区活动，不仅可以增加社区居民对图书馆活动的参与度，还能增进社区与图书馆之间的联系。这些活动可以搭建一个桥梁，让社区居民更加了解和享受图书馆的资源。同时，这些活动也能够促进居民之间的交流和互动，让他们感受到社区的温暖和凝聚力。最重要的是，这些活动能够激发社区居民的学习和创造热情，提高他们的文化素养和综合能力。

2. 发展社区合作伙伴关系

在当今社会，社区服务越来越受到人们的关注。而在这个过程中，发展社区合作伙伴关系无疑是一种非常有价值的策略。这种合作关系不仅可以为社区服务项目提供更多的资源和支持，同时也可以为合作伙伴带来诸多好处。第一，图书馆需要与社区内的学校建立合作关系。学校是一个非常重要的合作伙伴，因为孩子们是社区的重要组成部分。图书馆可以与学校合作开展暑期夏令营活动，邀请专业人士给孩子们讲授相关知识，如历史、科学、艺术等。这样的活动不仅可以丰富孩子们的暑假生活，同时也可以提高他们的知识水平。此外，图书馆还可以与学校合作开展其他类型的活动，如读书会、写作比赛等，以提高孩子们的阅读和写作能力。第二，图书馆需要与社区内的非营利组织建立合作关系。非营利组织通常拥有丰富的资源和经验，可以帮助图书馆更好地开展图书馆社区服务项目。图书馆可以与非营利组织合作开展各种公益活动，如为老年人提供阅读服务、为残障人士提供阅读辅助等。此外，图书馆还可以与非营利组织合作推广图书馆的阅读文化，提高社区居民的阅读兴趣和阅读能力。第三，图书馆还需要与社区内的商业机构建立合作关系。商业机构通常拥有更多的资源和资金，可以为图书馆社区服务项目提供更多的支持和资源。例如，图书馆可以邀请商业机构赞助图书馆活动，为职工和读者提供差旅费用、礼品等。这样不仅可以减轻图书馆的资金压力，同时也可以提高活动的质量和影响力。此外，商业机构还可以为图书馆提供更多的宣传机会，提高图书馆的知名度和美誉度。除了以上三种合作方式，图书馆还可以与其他社区服务机构建立合作关系。例如，图书馆可以与附近的医疗机构、养老院、幼儿园等建立合作关系，共同开展各种形式的阅读活动。这样不仅可以丰富活动内容，同时也可以提高图书馆的社会影响力。在发展社区合作伙伴关系的过程中，图书馆需要注重对合作关系的维护和管理。这包括定期与合作伙伴进行沟通和交流，了解他们的需求和意见，及时解决问题和改进服务。此外，图书馆还需要建立有效的激励机制，鼓励合作伙伴积极参与图书馆社区服务项目，如给予一定的奖励和荣誉等。通过以上策略和方法，图书馆可以与社区内的学校、非营利组织、商业机构等建立长期稳定的合作关系，共同开展丰富多彩的图书馆社区服务项目。这些项目不仅可以丰富社区居民的业余生活，提高他们的知识水平和阅读能力，同时也可以为图书馆带来更多的资源和支持，推动图书馆事业的发展和进步。

3. 增加便利的服务设施

为了方便社区居民随时借阅图书，图书馆内应设立图书自助借还机等便利设施。这样，在图书馆开放时间以外，居民仍然能够方便地借阅所需的图书，无须等待工作人员的服务。图书自助借还机的操作也非常简单，只需要将借书证放在扫描区域，然后选择要借阅的图书，就可以自动完成借书的过程。这无疑大大提升了图书馆的服务效率，也方便了社区居民的借阅需求。除了图书自助借还机，图书馆还可以建立独立的儿童阅读区域。这个区域应装饰得温馨而有趣，以吸引孩子们的目光。在儿童阅读区域，图书馆可以提供丰富多彩的图书和各种儿童活动，以满足不同年龄段儿童的阅读兴趣和需求。比如，对于幼儿，图书馆应准备绘本和启蒙读物，通过图文并茂的形式，为他们打开阅读的大门。对于学龄儿童，图书馆应提供各种经典童话故事、科普读物和儿童小说，既可以满足他们的知识需求，又能增加他们的阅读乐趣。此外，图书馆还可以定期举办各种儿童阅读推广活动，如绘画比赛、故事会等，让孩子们在阅读中培养出更多的兴趣和爱好。通过这些活动，图书馆能够吸引更多的家长和孩子们一同到图书馆参观借阅，为他们提供一个快乐学习和交流的场所。为了满足现代社区居民对数字化阅读的需求，图书馆还可以提供电子书借阅服务。图书馆应建立一个完善的电子阅读平台，通过该平台，社区居民可以随时随地借阅和阅读各类电子书。电子书的借阅流程也非常简便，只需要在平台上注册一个账号，然后选择想要借阅的电子书，便可以通过下载或在线的方式进行阅读。电子书的种类也非常丰富，包括文学、历史、科学等各个领域，无论是想要深入研究某个学科，还是想要放松娱乐，社区居民都可以在电子书平台上找到自己感兴趣的书籍。为了确保电子书的借阅服务质量，图书馆还可以增设专门负责维护和更新电子书资源的团队。这个团队应定期检查和更新电子书的内容，并根据读者的反馈，及时调整和完善电子书的选择。此外，图书馆还可定期举办电子书的推广活动，向社区居民介绍最新推出的电子书，让他们了解电子书的优势和使用方法。通过不断改进和完善电子书的服务，图书馆能够进一步满足社区居民对数字化阅读的需求，提供更加方便快捷的阅读体验。

4. 加强宣传推广

宣传推广是图书馆发展的重要手段之一，通过宣传推广，可以有效提高居民对图书馆的认知度，并让更多的人享受到图书馆提供的各种社区服务和资源。图书馆可以利用社区公告栏、社交媒体等渠道进行宣传，将图书馆的社区服务活动和资源及时传达给居民。社区公告栏是居民经常关注的重要信息来源之一，图书馆可以在公告栏上发布关于图书馆活动的通知，包括活动的时间、地点、内容以及参与方法等，让居民能够及时了解到图书馆的动态。同时，社交媒体已经成为人们获取信息、进行交流的主要平台，图书馆可以通过微博、微信等社交媒体，发布图书馆的相关信息和活动预告，吸引更多人的关注和参与。图书馆可以利用传单、海报等方式进行宣传。传单是一种简单而直接的宣传手段，图书馆可以在社区附近的主要交通节点、商场、宾馆等地进行传单的散发，向过往的人们介绍图书馆的服务内容和特色。此外，海报也可以起到很好的宣传效果，图书馆可以在电影院、学校、市场等人流量较大的地方张贴图书馆的海报，让更多人看到图书馆的宣传信息，增强他们的参与意识。除了通过传统宣传方式，图书馆还可以积极参与社区的各类展会、庆典等活动，向居民展示图书馆的特色和优势。社区的各类展会和庆典是吸引居民参与的重要平台，图书馆可以利用这些活动的机会，设置图书馆的展台或摊位，向居民展示图书馆的服务内容和图书馆所具有的各种优势。例如，在展台上可以放一些书籍、阅读器等展示品，向居民演示如何利用图书馆的资源进行阅读学习，让居民能够亲身体验到图书馆的便利和实用性，增加他们对图书馆的关注度和参与度。此外，图书馆还可以与社区的其他机构、组织进行合作，共同开展宣传活动，加大宣传的力度。例如，可以与社区的社群组织、学校等合作，组织图书馆的开放日活动，邀请居民到图书馆参观、借阅图书等，同时也可以邀请社区的知名人士、作家等举办讲座或签售活动，吸引更多人到图书馆参与活动并了解图书馆的服务。通过与其他机构的合作，可以扩大宣传覆盖面，让更多人知晓并了解图书馆的服务，提高他们对图书馆的兴趣和认知度。

5. 引入先进的技术支持

利用互联网和智能化技术，提升图书馆的服务效率和质量，是一项非常重要的举措。通过引入先进的技术支持，图书馆能够更好地满足读者的需求，提供更加便捷、高效的服务。第一，建立图书馆网站和 APP。通过建立图书馆网站和 APP，居民可以随时随地查询图书馆的藏书和借阅情况，使用预约图书，参与网络读书会等服务。这样的服务方式不仅方便快捷，而且能够吸引更多的读者前来图书馆借阅图书。同时，图书馆网站和 APP 还可以提供一些在线咨询服务，帮助读者解决借阅过程中的问题。第二，应用智能化设备。智能化设备的应用可以提高图书借还的效率和准确性，同时也可以减少人工操作中的错误和疏漏。例如，图书馆管理系统可以将图书信息进行数字化管理，方便读者查询和借阅；自动归还设备则可以自动识别图书的条码并进行归还操作，大大缩短了归还图书的时间。此外，智能化设备还可以提供一些智能化的服务，如推荐图书、智能排架等，为读者提供更加个性化的服务。第三，可以利用互联网和智能化技术，为图书馆提供更多的服务形式。例如，通过大数据分析，图书馆可以了解读者的阅读习惯和喜好，为读者提供更加符合他们需求的图书推荐服务；通过人脸识别技术，图书馆可以实现图书借阅的自助化，提高图书借阅的效率；通过语音识别技术，图书馆可以实现语音搜索和语音借阅等功能，为读者提供更加便捷的服务。除了以上几个方面外，图书馆还可以引入其他先进技术的支持。例如，可以建立数字化图书馆，将纸质图书数字化，方便读者随时随地阅读；可以引入智能化的安保系统，提高图书馆的安全性；还可以利用互联网技术实现远程借阅和预约等功能，为读者提供更加便捷的服务。

第六章

文旅融合背景下图书馆的国际交流与合作

一、图书馆国际交流的重要性与价值

在当今文旅融合的大背景下，图书馆的角色正在发生深刻的变化。这一转变赋予了图书馆新的使命，即成为一个能够跨越国界，促进全球文化交流的重要平台。在此背景下，图书馆的国际交流与合作显得尤为重要。第一，图书馆的国际交流有助于资源的共享。在全球化的背景下，信息资源的共享变得越来越重要。通过国际交流，图书馆可以互相借鉴对方的成功经验，共享资源，从而提升服务质量和效率。例如，两个图书馆可以通过国际合作，共同购买图书资源，或者通过数字图书馆的方式，实现资源的全球化共享。这种合作不仅可以丰富各自馆藏，还能降低采购成本，提高资源的利用率。第二，图书馆的国际交流对于促进文化的交流与理解具有重要作用。图书馆不仅是一个提供信息资源的中心，更是文化交流的重要场所。通过国际交流，图书馆可以引进不同文化的图书和资源，为读者提供了解不同文化的机会。同时，图书馆也可以通过国际交流，展示本国文化，促进文化的传播和理解。这不仅有助于增进人们对不同文化的认识和理解，也有助于推动全球文化的多样性和创新。第三，图书馆的国际交流还能提升图书馆的品牌和影响力。通过与国外图书馆建立合作关系，图书馆可以引进国外的先进理念和管理模式，从而提升自身的服务质量和水平。同时，图书馆也可以通过展示自身的特色和优势，提升品牌形象和影响力。这有助于提高图书馆的知名度和吸引力，吸引更多的读者和资源。最后需要强调的是，图书馆的国际交流不仅仅是一种商业行为，更是一种文化行为。它关乎的是人类对知识的追求和对文化的尊重。应该珍视这种交流的机会，让图书馆成为人们了解世界、拓宽视野、增进理解的桥梁。因此，应该积极推动和参与图书馆的国际交流活动，让图书馆成为全球文化交流的中心，为人类文明的发展做出更大的贡献。

二、图书馆国际交流与文旅融合实践案例分享

在文旅融合的大背景下，图书馆国际交流的实践案例有很多。下面分享两个案例，以供参考。

案例一：数字图书馆的合作项目

这一项目是由中国某大型公共图书馆与美国某知名图书馆共同发起的，旨在通过数字图书馆的形式，实现全球范围内图书馆资源的共享，进而推动文化交流与合作。双方图书馆共同购买了大量的数字资源，包括电子书籍、电子期刊、音视频资料等，并通过技术手段将这些资源整合到一个联合的数字图书馆平台上。这个平台对双方图书馆的读者免费开放，使他们能够随时随地访问到对方的图书馆资源。这一合作项目的实施不仅扩大了图书馆的影响力，使其能够为更广泛的读者提供服务，同时也促进了国际的文化交流。通过这个项目，读者们可以跨越国界，接触到不同的文化、思想和知识，从而增进对不同文化的理解和包容。

案例二：文化交流活动

日本的某小型公共图书馆与中国的一个乡村图书馆共同举办了一场文化交流活动。这场活动旨在通过各种形式的文化展示和交流，增进中日两国人民对彼此文化的了解。活动内容丰富多样，包括邀请中日双方的文化专家举办讲座，分享各自国家的传统文化和习俗；举办中日文化艺术展览，展示两国独特的绘画、雕刻、手工艺品等；以及组织中日双方的学生进行文化交流活动，如共同制作传统美食、学习茶道和插花等。此外，还设置了互动环节，如制作二维码地图，让参与者通过扫描了解对方图书馆的藏书情况，增进彼此的了解。这场文化交流活动不仅为两国读者提供了一个近距离接触和了解彼此文化的平台，也有助于增进中日两国的友好关系。通过这个活动，读者可以深入了解对方国家的文化，加深对多元文化的认识和尊重，同时也有助于提高公众对图书馆的认知和重视。

以上两个案例都是图书馆国际交流与文旅融合的实践，它们通过不同的方式，实现了资源的共享和文化交流，为图书馆的发展和文化传播做出了积极的贡献。

三、图书馆国际交流的机制与平台搭建

为了更好地推动图书馆的国际交流，需要一套完善的机制和平台，以提供支持和保障。

机制方面，图书馆可以成立图书馆国际交流的指导委员会。该委员会的成员应包括图书馆馆长、国际交流专家和文化产业专家等，他们将负责制定图书馆国际交流的战略和规划，并协调和推动图书馆的国际交流活动。这个委员会作为图书馆国际交流工作的决策机构，在确保交流活动的成功和可持续发展方面发挥重要作用。委员会成员的丰富经验和专业知识将为图书馆的国际交流项目提供重要支持。他们可以根据国外图书馆界的最新发展趋势和需求，为图书馆的国际交流活动提供专业建议。同时，他

们还可以利用自己的人脉资源，邀请国外图书馆专家来访，在图书馆举办国际会议和研讨会，开展合作项目等。这样一来，图书馆就可以通过与国外图书馆的交流合作，分享各自的经验和资源，提升图书馆的专业水平和服务质量。为了确保图书馆的国际交流项目得到可持续发展，图书馆还可以设立国际交流基金。这个基金将用于资助和支持图书馆的国际交流项目。通过向该基金申请资助，图书馆可以获得一定的财政支持，用于邀请国外图书馆专家来访、参加国际会议和研讨会、开展合作项目等。这将为图书馆提供更多的国际交流机会和资源，促进其与国际图书馆界的互动与合作，提升其在国际图书馆界的影响力和声誉。除了设立国际交流基金，图书馆还可以开拓其他的资金来源，充实和完善国际交流项目的实施。例如，可以与企业、基金会等合作，争取赞助和捐赠，用于资助图书馆的国际交流项目。此外，图书馆还可以利用现有的国内外合作渠道，争取国际组织和各国政府的支持，获取更多的合作机会和资源。为了确保图书馆的国际交流工作的顺利开展，还需要加强内部管理和组织。图书馆可以成立一个专门的国际交流部门或者团队，负责具体国际交流项目的策划、组织和管理工作。该部门或者团队应具备一定的国际交流经验和专业知识，能够熟练运用现代信息技术手段，开展国际合作、信息交流和资源共享等工作。另外，图书馆还可以加强与国内其他图书馆的合作，共同开展国际交流项目。例如，可以与其他图书馆建立联盟或者协会，共同筹备和组织国际会议和研讨会，开展图书馆国际交流项目等。通过与其他图书馆的合作，图书馆可以扩展国际交流的广度和深度，实现资源的共享和互补，提升整体实力。最后，为了促进图书馆国际交流工作的开展，还需要加强对图书馆人员的培训和教育。图书馆可以组织培训班、研讨会等活动，增强图书馆人员的国际交流意识和能力。同时，可以开展国际交流经验的分享和推广，鼓励图书馆人员参与国际交流项目，不断提升自己的专业水平和工作能力。平台方面，建立图书馆国际交流网络平台是非常重要的。这个网络平台可以作为一个集结点，用于发布图书馆国际交流的信息和资源，促进不同图书馆之间的交流和合作。网络平台不仅是一个信息发布的平台，它还可以为图书馆提供一个互动的空间，使它们能够分享自身的经验和成果，了解其他图书馆的最新动态，寻找合作伙伴，开展合作项目。网络平台的建立将使图书馆能够轻松地分享它们在学术研究、资源建设、技术应用等方面的成功案例和经验。这将有助于其他图书馆学习和借鉴，从而提升整个图书馆行业的专业水平。此外，网络平台还可以对所提供的信息进行实时更新，如最新的国际图书馆动态、政策法规、新技术应用等，使图书馆能够及时获取行业前沿的信息，以便作出相应的调整和决策。通过这个平台，图书馆还可以发现潜在的合作伙伴，共同开展项目，实现资源共享和优势互补。这不仅可以节省图书馆的资源投入，还可以加强彼此之间的合作关系，推动图书馆行业的共同发展。此外，网络平台还提供了远程交流和协作的可能性，使图书馆能够在全球范围内寻找和联系到合适的合作伙伴。除了网络平台，图书馆还可以建立国际交流的实体平台，如国际图书馆联盟和国际图书馆研讨会。这些实体平台可以作为图书馆国际交流活动的举办地，定期开展各种交流活动和研讨会。通过这些平台，图书馆专业人士可以面对面地交流、讨论和分享经验，加深彼此的了解和信任。定期举办的国际图书馆研讨会和会议，可以为图书馆提供一个深入探讨行业问题、分享最佳实践、交流创新想法的平台。这些会议不仅能够激发图书馆员的创新思维，还可以推动图书馆行业的创新和发展。通过这些实体平台，图书馆可以深化彼此的合作关系，共同应对行业挑战，推动图书馆界的发展和进步。建立实体平台还可以为图书馆提供更多的机会和平台，如进行学术研究、出版专业刊物、举办青少年阅读推广活动等。这些活动不仅可以丰富图书馆的馆藏和服务，还可以提升图书馆的国际影响力和知名度。

第七章

文旅融合背景下图书馆的人才培养与管理

一、文旅背景下图书馆人才需求的变化与挑战

（一）复合型人才的缺口与培养

在当今这个日新月异的时代，文化的多样性和旅游的个性化已经成为人们生活的重要特征。在这样的背景下，图书馆作为文化交流的重要场所，其职能也在不断地发展和变化。图书馆不再仅仅是提供阅读和借阅服务的单一功能空间，而是需要承担起引导和推动文化旅游的重要责任。这就要求图书馆的人才队伍具备更多的复合型能力，以满足文化旅游融合发展的需求。然而，当前的图书馆人才在复合型能力方面存在着明显的缺口。传统的图书馆员主要注重文献整理和图书服务方面的能力，他们在书籍的分类、整理、保管以及借阅等方面有着丰富的经验。然而，在文化旅

游的背景下，图书馆员需要具备更多的能力，如文化传播、活动策划、游客接待等。这些能力是传统图书馆员所不具备的，因此，他们需要通过培训和实践来提升这些能力。为了满足图书馆在文化旅游背景下的职能需求，迫切需要对现有的图书馆人才进行培养。首先，图书馆可以邀请相关领域的专家和学者，开设相关的培训课程，帮助图书馆员提升他们的文化传播和活动策划能力。这些课程可以包括文化传播的基本理论、活动策划的实践技巧等，通过系统的学习和实践，图书馆员可以对这些领域有更深入的了解和掌握。其次，图书馆也可以与相关的高校和研究机构合作，开展联合培养项目。这些项目可以让学生在学校学习理论知识的同时，到图书馆进行实践工作，提升他们的实际操作能力。通过这种方式，学生可以将理论知识与实践相结合，更好地理解和掌握所学知识。同时，图书馆也可以通过这些项目吸引更多优秀的人才，提升图书馆的整体素质。此外，图书馆还可以鼓励员工积极参与各类学术交流活动和研讨会。这些活动可以让图书馆员了解行业的发展动态，学习先进的理念和经验，扩展他们的学术视野和专业能力。通过这些，图书馆员可以不断更新自己的知识体系，提升自己的专业素养。通过上述措施，图书馆可以逐步弥补人才缺口，提高图书馆员的综合素质，使他们能够更好地服务于文化旅游融合发展的需要，为游客提供更加丰富和多样化的文化体验，同时，图书馆也可以通过这些措施，提升自身的影响力和竞争力，为图书馆的可持续发展打下坚实的基础。

（二）提升图书馆员的职业素养

在文旅背景下，图书馆员的职业素养也面临着新的挑战。传统的图书馆员主要以服务读者和管理图书为主要职责，但在文旅融合的背景下，他们需要具备更多的职业素养，以更好地适应和应对变化。首先，图书馆员需要具备良好的沟通技巧和服务意识。他们需要与读者和游客进行良好的交流互动，了解他们的需求和兴趣，并提供相应的文化旅游服务。此外，图书馆员还需要具备跨文化交流的能力，能够与不同背景的人进行有效的沟通和合作。其次，图书馆员需要具备创新思维和问题解决能力。在文旅背景下，图书馆需要面对更多更复杂的问题和挑战，需要图书馆员能够灵活应对并找到解决方案。因此，培养图书馆员的创新思维和问题解决能力显得尤为重要。再次，图书馆员还需要具备良好的团队合作精神。在文旅融合背景下，图书馆经常需要与其他文化旅游机构进行合作，共同推动文化旅游的发展。因此，图书馆员需要能够与其他机构和团队进行有效的协作和合作，共同完成各项任务。为了提升图书馆员的职业素养，图书馆可以通过提供各种培训和学习机会来提升他们的能力。例如，组织一些专题研讨会和培训课程，让图书馆员学习相关的职业知识和技能。同时，图书馆还可以鼓励图书馆员积极参加各类学术交流活动和会议，扩展他们的交流合作网络。此外，图书馆也可以与其他文化旅游机构建立合作关系，共同开展培训项目和交流活动，促进图书馆员的职业发展和成长。

（三）创新图书馆人才培养模式

在文旅融合背景下，图书馆的人才培养模式也需要进行创新。传统的图书馆人才培养主要注重理论知识和实践技能的传授，但在文旅融合的时代背景下，图书馆需要更加注重培养员工的创新思维和综合能力。第一，图书馆可以在图书馆人才培养中加强实践教学的内容。将理论知识与实际操作相结合，让员工在实践中学习并运用知识，培养他们的实际操作能力。例如，可以设置一些模拟实验和项目实践，让员工在实践中学习和掌握相关的技能和知识。第二，图书馆可以引入跨学科教学的模式，将不同学科的知识和技能相结合。在文旅融合的背景下，图书馆需要与其他学科进行合作，共同推动文化旅游的发展。因此，图书馆可以设置一些跨学科的课程，让员工学习和掌握相关的知识和技能，培养他们的综合能力。第三，图书馆可以鼓励员工参与实践项目和竞赛活动，锻炼他们的综合能力和创新思维。例如，可以组织一些社会实践项目和创业竞赛，让员工在实践中锻炼和提升自己的能力。同时，图书馆也可以与相关企业和机构合作，提供项目合作机会，让员工在实际工作中学习和成长。通过创新图书馆人才培养模式，图书馆可以培养更多具备综合能力和创新思维的人才，更好地适应和应对文旅融合背景下的挑战和需求。

二、图书馆人才培养模式的创新与实践

在信息化社会背景下，图书馆作为知识传播的重要场所，面临着新的挑战和机遇。为了适应社会发展的需要，图书馆人才培养模式的创新与实践至关重要。

（一）引进专业人才，优化人才结构

为了提高图书馆的服务质量，提升其核心竞争力，引进专业人才成为图书馆建设的首要任务。只有通过引进和培养一支高素质的专业人才队伍，才能为图书馆的持续发展提供强大的动力和支撑。图书馆应积极引进具备图书情报、计算机技术、数据挖掘等专业能力的人才，以优化人才结构。这些专业人才能够帮助图书馆更好地适应信息化、数字化时代的需求，提升图书馆的服务水平和能力。例如，图书情报专业的人才可以提高图书馆的文献资源建设、读者服务和参考咨询等方面的水平；计算机技术和数据挖掘专业的人才可以推动图书馆数字资源的开发和利用，提升图书馆的信息化建设水平。为了吸引和留住优秀人才，图书馆必须提高薪酬待遇，为其提供良好的工作环境和福利待遇。只有让人才感到在图书馆工作有前景、有保障，才能让他们全心全意为图书馆的发展贡献力量。此外，图书馆还应注重建立和完善人才培养机制，为人才的成长提供培训、交流和晋升的机会。这样，图书馆才能不断壮大人才队伍，提升整体实力。在

人才引进过程中，图书馆应注重人才的综合素质，不仅关注专业技能，还要关注人际交往、团队协作等软实力。一个优秀的专业人才不仅需要具备扎实的专业知识，还需要具备良好的沟通能力和协作精神，这样才能更好地融入团队，发挥团队的整体优势。因此，图书馆在引进人才时，要全面评估人才的专业能力和综合素质，力求引进最适合图书馆发展需要的人才。为了更好地管理和利用人力资源，图书馆应建立人才储备库，根据业务发展需求和人才特点进行合理调配。人才储备库有利于图书馆及时发现和培养潜在的优秀人才，为图书馆的可持续发展做好人才保障。同时，图书馆还应加强对人才的激励和考核，激发人才的积极性和创造性，以推动图书馆事业的不断发展。

（二）开展培训与继续教育，提升能力水平

为了提高图书馆员的专业素质和服务能力，开展培训与继续教育是必不可少的。首先，图书馆应定期组织内部培训。这不仅可以帮助图书馆员更新知识体系，提高专业技能，还可以增强团队凝聚力。培训内容可以包括最新的图书情报技术、数字化服务、用户需求分析等方面的知识。为了确保培训效果，图书馆可以邀请行业专家进行授课，分享他们的经验和见解。此外，图书馆还可以安排一些实践操作环节，让员工亲身体验和掌握新的技能和方法。通过内部培训，图书馆员可以不断提升自己的专业素养，更好地满足用户需求。其次，图书馆应鼓励员工参加外部培训和学术交流活动。这不仅可以拓宽图书馆员的视野，使其了解行业前沿动态，还可以加强与其他图书馆、高校等机构的交流合作。在外部培训中，图书馆员可以与其他行业专家、学者共同探讨和研究，分享经验和教训。通过交流合作，图书馆员可以不断提升自己的专业水平和综合素质。此外，图书馆还可以与其他机构建立合作伙伴关系，共同开展一些学术研究、项目合作等，以进一步加深彼此之间的了解和友谊。除了定期培训外，图书馆还应注重员工的继续教育。随着技术的不断更新换代，图书馆员需要不断学习新的技能和方法，以应对不断变化的市场需求。为此，图书馆可以设立专项培训经费，支持员工参加专业资格认证考试，如图书馆学、情报学等。这不仅可以提高图书馆员的综合素质和行业竞争力，还可以为图书馆树立专业的形象，以吸引更多人才的加入。除了以上这些措施外，图书馆还可以提供在线学习平台，为员工提供丰富的课程资源。这些课程可以涵盖各种领域和学科，如信息管理、数据挖掘、数字图书馆技术等。通过在线学习平台，员工可以自由选择适合自己的课程，灵活安排自己的学习时间。同时，图书馆还可以定期组织员工参加技能竞赛、案例分享等活动，激发员工的学习热情和创新能力。这些竞赛和分享可以提供一个平台，让员工展示自己的才华和实力，同时也可以加强团队合作和沟通。此外，图书馆还可以邀请行业内的专家和学者进行在线讲座，为员工提供更专业的指导和建议。

（三）建立激励机制，激发人才活力

人才是各个组织机构发展的核心动力，图书馆作为知识的宝库，也要高度重视人才的培养和激励，以确保员工的职业发展路径始终沿着正确的方向前进。因此，建立一套科学、合理且具有前瞻性的激励机制显得尤为重要。第一，图书馆应设立多样化的荣誉奖项，如优秀员工奖、服务明星奖、创新成果奖等，以表彰那些在工作中表现突出的员工。荣誉是一种无形的资产，具有极大的吸引力、感召力和凝聚力。当员工付出辛勤努力后，得到图书馆的认可和赞赏，会让他们产生强烈的归属感和自豪感，从而更加积极地投入到工作中。同时，荣誉激励也能激发其他员工的积极性，形成你追我赶的良好氛围。第二，图书馆要为员工提供广阔的晋升空间和职业发展通道。每个人在职业规划中都渴望得到成长和提升，图书馆管理者应根据员工的职业特点和工作表现，为他们量身定制适合的职业发展规划。通过晋升机会的提供，让员工看到职业发展的前景，从而增加其对图书馆的忠诚度和满意度。此外，晋升机制也要具有公平、公正、公开的特点，确保每位员工都有机会通过自己的努力获得更好的发展。第三，图书馆应建立人才梯队培养机制，注重员工的梯队建设和岗位轮换。梯队培养是对员工潜在能力的挖掘和培养，通过为员工提供不同岗位的锻炼机会，让他们在实践中成长。岗位轮换则能让员工了解图书馆各部门的工作流程，有助于提升其综合素质和能力。在这个过程中，图书馆要关注员工

的个人兴趣和特长，合理制订培养计划，使员工的潜力得到最大发挥。第四，图书馆在激励机制中要注重将物质奖励与精神激励相结合。物质奖励如薪酬待遇、福利等，是员工生活的重要保障。然而，仅仅依靠物质奖励是远远不够的，还需要关注员工的精神需求。图书馆可以提供丰富的培训机会、学习资源，以及创造良好的工作氛围，让员工在工作中感受到快乐和成长。此外，图书馆还可以通过举办员工活动、团队建设等，增强员工之间的凝聚力和团队精神。

第八章

文旅融合背景下图书馆的
文化遗产保护与传承

一、文旅融合对图书馆文化遗产保护工作的影响

（一）文化遗产保护意识的提升

在当代社会中，文旅融合是一种重要的发展趋势，对于图书馆文化遗产的保护产生了深远的影响。随着社会的不断发展和人们对自身文化认同感的增强，人们对于文化遗产保护的意识也逐渐提升。文化遗产是一个国家和民族的宝贵财富，它代表着民族的历史、文化和精神。而作为文化遗产保护的重要机构，图书馆保存着众多珍贵的图书、文献和文物，对这些珍贵的遗产进行保护和传承是图书馆的责任和使命。然而，在过去的时间里，由于人们对于文化遗产保护的认识和重视程度有限，文化遗产保护工

作往往被人们视为一项单一的任务，只需要尽量保留和展示即可。但是，随着社会的不断进步，人们开始意识到文化遗产保护的重要性，这种意识的提升与文旅融合的发展是相辅相成的。首先，文旅融合促使人们重新审视并重新认识文化遗产保护的重要性。文旅融合不仅是将文化遗产保护与旅游业有机结合，更是将文化遗产保护融入社会大众的生活中。通过将文化遗产保护与旅游业相结合，可以吸引更多人的关注和参与，提高公众对于文化遗产保护的认识和重视程度。通过旅游的方式，人们能够亲身体会到文化遗产的独特魅力，进而增强对于文化遗产的情感认同和保护意识。此外，文旅融合还可以借助旅游产业的经济力量，为文化遗产的保护提供更多的资金和资源支持。通过推动文旅融合，人们的文化遗产保护意识得到了进一步的提升，这成为一个社会广泛关注的话题。其次，文旅融合对于提高图书馆文化遗产保护意识具有积极的影响。在文旅融合的背景下，图书馆作为文化遗产保护的重要机构，正面临着更加迫切和重要的任务。文旅融合不仅使得文化遗产保护工作变得更加紧迫，也为图书馆提供了更多的机会和挑战。在文旅融合的推动下，图书馆需要不断创新和改进，提升自身的服务水平和文化内涵，以更好地展示和保护文化遗产。图书馆可以通过组织丰富多样的文化活动和展览，吸引更多的人来到图书馆，感受和了解文化遗产的魅力，进而加深他们对文化遗产保护的认识和重视程度。文旅融合也为图书馆提供了更多的合作和交流机会。图书馆可以与不同领域开展合作与融合，共同推动文化遗产的保护和传承。通过跨行业的合作与交流，图书馆能够借鉴其他领域的经验和创新，为文化遗产保护工作提供更多的思路和方法。同时，图书馆也可以借助文旅融合的平台，拓展与其他机构和组织的联系，共同为文化遗产保护事业贡献自己的力量。在文旅融合的推动下，人们的文化遗产保护意识正逐渐得到提升。文旅融合不仅为人们提供了更加便捷和多样化的方式来了解和保护文化遗产，也为文化遗产的传承和发展提供了更加广阔的空间和机遇。在文旅融合的引领下，图书馆文化遗产保护工作将迎来更加广阔的发展前景，并且能够更好地融入人们的日常生活中。

（二）文化遗产数字化保护的实践

随着信息技术的飞速发展，数字化保护已经成为文化遗产保护不可或缺的手段之一。在文化与旅游融合的背景下，图书馆积极利用数字化技术，对珍贵的文献、图书和文物进行数字化保护，为文化遗产的传承和展示提供了全新的方式和途径。数字化保护的实践在图书馆中得到了广泛的应用和推广，通过使用高精度的扫描仪和影像处理技术，图书馆可以将珍贵的图书和文献进行数字化扫描和拍摄，并保存为数字文件。数字化保护的实践为文化遗产的传承和保护提供了更广阔的发展空间。第一，数字化保护使得珍贵的文献和文物能够在数字化平台上进行展示并供用户访问，这为更多的人提供了学习和了解文化遗产的机会。借助互联网的力量，人们可以通过在线阅读珍贵文献，深入了解文化遗产的价值和内涵。这种传统与现代的结合不仅扩大了文化遗产的受众范围，也为文化遗产的传承提供了新的渠道。人们不再局限于身临其境地前往实地参观，通过数字化平台，不同文化背景的人们可以更加容易地获取和分享各个地区独特的文化遗产。第二，数字化保护还提供了更好的保存和备份措施，减少了文献和文物在长期保存和展示过程中面临的损坏和丢失风险。传统的文化遗产保存方式存在很多局限性，例如纸质文献容易受到湿度、温度等环境因素的影响，导致破损和腐烂，而文物也可能在展览和运输过程中受到损坏。而通过数字化保护，文献和文物可以被转化为数字文件，得以保存在多个备份设备中，即使原件遭受破坏，数字文件仍然能够保存下来。这不仅提高了文化遗产保存的稳定性，还避免了因为实物保存不当造成的不可挽回的损失。此外，数字化保护还可以对文化遗产的物理结构进行精细的建模和重现，以降低传统文化遗产在展示过程中受到损坏的风险，并且可以合理规划和安排展览空间，以确保文物的完整性和安全性。第三，数字化保护还可以通过虚拟现实技术来实现文化遗产的全景展示与互动体验。虚拟现实技术能够模拟真实场景，将人们带到重要的历史事件和文化场景中，使得人们能够身临其境地参观和体验不同文化遗产的魅力。通过虚拟现实技术，人们可以参观那些平时无法亲身体验的文化遗产场所，如古代宫殿、宗教寺庙等。同时，虚拟现实技术还可以提供与文化遗产互动的体验，人们可以亲身参与到历史故事中，了解更多的历史背景和文化内涵。这种全新的展示方式打破了时间和空间的限制，使得人们可以在不同的时间和地点进行参观和探索，为文化遗产的传承注入了新的活力。

（三）文化遗产保护的国际合作与交流

文化遗产保护是一个全球性的课题，涉及人类的共同利益和历史文化传承。在当今世界，文化多样性越来越受到重视，文化遗产保护的重要性也日益凸显。然而，由于历史、地理、文化背景等方面的差异，各国的文化遗产保护都面临着不同的挑战和问题。因此，加强国际合作与交流，共同应对文化遗产保护中的难题，成为各国共同关注的焦点。在文旅融合的推动下，图书馆作为文化交流的重要平台，肩负着传承和保护文化遗产的重要使命。通过与国际机构和组织的合作，图书馆不仅能够拓宽自身的发展视野，还能促进文化遗产保护工作的国际合作与交流，为文化遗产保护的发展提供更多的机会和平台。文旅融合使得文化遗产保护成为一个全球化的话题，各国图书馆纷纷加入国际性的文化遗产保护组织和机构，积极参与国际交流与合作，共同研究和探讨文化遗产保护的新方法与新思路。图书馆可以通过与国际知名文化遗产保护组织和机构的合作，引进先进的保护理念和技术，提升自身在文化遗产保护方面的专业水平。例如，与国际博物馆协会、国际图书馆协会等国际组织合作，共同举办文化遗产保护研讨会、培训课程和交流活动，邀请国际专家学者来华授课和演讲，分享国际先进的保护经验和案例。通过这些活动，图书馆工作人员和文化遗产保护工作者可以学到更多的专业知识，提高自己在实际工作中的文化遗产保护能力。此外，图书馆还可以通过参与国际性的文化遗产展览和交流活动，向世界展示自己的文化遗产保护成果，并与其他国家的专家学者进行深入的交流与合作。例如，参加国际文化遗产展览，展示本国的珍贵文物和保护成果，让世界了解和认识到本国文化的独特价值和魅力。同时，通过与其他国家的专家学者交流，可以学习到他们的保护经验和方法，为自己的保护工作提供有益借鉴。文化遗产保护的国际合作与交流对于提高保护效果和水平具有积极的意义。通过与其他国家的交流与合作，图书馆可以了解到不同国家在文化遗产保护方面的先进经验和技术，借鉴并应用于自己的保护工作中。例如，在古建筑保护、文物修复、数字化展示等方面，各国都有自己独特的技术和方法。通过学习和借鉴，图书馆可以提高自身在文化遗产保护方面的专业水平，更好地保护和传承本国丰富的文化遗产。同时，国际合作与交流也可以提高图书馆的国际影响力和知名度，为自身的发展创造更多的机遇和条件。通过参与国际性的文化遗产保护组织和机构，图书馆可以与其他国家的图书馆建立紧密的联系和合作关系，共享资源和服务，提升自身在国际图书馆界的地位和影响力。例如，加入国际图书馆协会，与其他国家的图书馆共同研究和解决文化遗产保护中的问题，推动国际文化遗产保护事业的发展。

二、图书馆文化遗产保护与数字化传承的融合

（一）文化遗产数字化保护的技术应用

在当今这个信息化迅速发展的时代，数字技术已经渗透到社会的各个领域，对人类生活的影响日益深远。文化遗产数字化保护作为一股新兴的力量，正受到越来越多的关注。这项技术不仅仅是对文化遗产的一种保护手段，更是一种全新的传承和展示方式。文化遗产数字化保护的技术应用，是一个多学科、多技术融合的过程，它涵盖了计算机科学、摄影学、考古学、文献学等多个领域。数字化保护的核心技术之一是高精度扫描。这种技术可以捕捉到文化遗产每一个微小的细节，无论是古老的纸张、布料，还是细致的雕刻、彩绘，都可以通过高精度扫描转化为数字图像。这些数字图像不仅具有极高的分辨率，可以清晰显示文化遗产的每一个细节，而且还可以根据需要进行放大缩小，便于研究和欣赏。图书馆、博物馆等文化机构通过这种方式，可以建立起完整的文化遗产数字档案，供学者和公众随时查阅。数字摄影技术在文化遗产数字化保护中的应用同样重要。与传统的摄影不同，数字摄影不仅可以捕捉到文化遗产的外观，还可以通过特殊的技术手段，捕捉到文化遗产的内部结构，如建筑的内部结构、文物的材质组成等。这些信息对于文化遗产的保护和修复具有重要意义。三维建模技术是数字化保护的另一项重要技术。通过三维建模，可以

构建起文化遗产的三维数字模型，不仅可以全方位、多角度地展示文化遗产的外观，还可以模拟文化遗产的历史环境，让人们更加直观地感受文化遗产的魅力。三维建模技术还为虚拟展览、在线教育等提供了可能，使得文化遗产的传播和普及变得更加便捷。人工智能和大数据技术在文化遗产数字化保护中的应用，为文化遗产的保护和利用提供了强大的技术支持。通过图像识别和机器学习算法，可以实现对数字化文化遗产的自动分类、标注和修复，大大提高了文化遗产保护和利用的效率。例如，人工智能可以自动识别数字化图像中的文字和图案，帮助学者和研究者在庞大的数字档案中迅速找到所需的信息；大数据技术可以对文化遗产的相关数据进行整合和分析，为文化遗产的保护和利用提供科学的决策依据。数字化保护不仅仅是一种技术手段，更是一种全新的文化遗产保护理念。它打破了一直以来文化遗产保护的时空限制，使文化遗产的保护和利用变得更加灵活和高效。同时，数字化保护还具有广泛的社会意义和文化价值。它使得文化遗产得以在数字世界中得到更好的保存和传播，让更多的人有机会接触和了解文化遗产，从而提高公众的文化素养和民族自豪感。然而，数字化保护也面临着一些挑战和问题。例如，数字化技术的应用需要大量的资金和人力投入，对于一些经济实力较弱的文化机构来说，这是一个不小的负担；数字化保护还面临着知识产权、数据安全等方面的问题。因此，需要在大力发展数字化保护技术的同时关注到这些问题，并寻找合理的解决方案。

（二）文化遗产数字化传承的创新实践

数字化技术的广泛应用为图书馆文化遗产的传承提供了全新的途径。传统的图书馆不再只是守护着纸质书籍和珍贵文物，而是要利用数字化手段将这些文化遗产转化为易于传播和利用的形式，实现文化遗产的广泛传播和共享。这是一种全新的创新实践，不仅打破了时空限制，让更多的人能够在线参观珍贵文物，领略文化遗产的魅力，而且还提供了丰富的学习资源和数据支持，提高了公众的文化素养。图书馆可以通过数字化技术开展虚拟展览，为人们提供一个无须实际到访便可以参观展馆的机会。传统的展览通常需要人们亲身参观，但由于时间和地点的限制，很多人无法亲临其境。而借助数字化技术，图书馆可以将珍贵的文物数字化，以高清图片和视频的形式呈现在网上，使更多的人能够透过屏幕感受到文化遗产的独特魅力。无论是跨越时空的古代文物还是珍贵的艺术品，都可以通过虚拟展览的形式，在线展示给公众。通过虚拟展览，人们无须付出时间和金钱成本，即可享受到身临其境的文化体验，增加对文化遗产的认知和了解。图书馆还可以利用数字化资源开展在线教育，为公众提供丰富多样的学习资源。在传统模式下，图书馆的学习资源主要是书籍和期刊，但这种形式有一定的局限性，只能满足一部分人的学习需求。而数字化手段的应用，使得图书馆能够将大量的数字化学习资源整合起来，形成一个开放的在线学习平台。无论是老师、学生还是其他公众人群，都可以通过图书馆提供的在线学习平台获取到自己所需的学习资源。这些资源包括文献资料、学术研究成果、课程视频、在线演讲等，涵盖了各个学科领域的知识。通过在线教育的方式，图书馆为广大公众提供了一个不受时间和地点限制的自主学习机会，提高了公众的文化素养。图书馆利用数字化手段开展研究，还能为学术界提供更加丰富和准确的数据支持。在传统模式下，学者们往往需要亲临图书馆，查阅大量的纸质书籍和文献资料，才能进行深入的研究。但通过数字化技术的应用，图书馆将大量的文献资料数字化，形成了一个庞大的数字化数据库。这个数据库包含了各个学科领域的文献和研究成果。学者们无须亲自前往图书馆，只需通过网络就可以查找到自己所需的研究材料，节省了大量的时间和精力。另外，数字化手段还可以帮助学者们进行数据分析和数据挖掘，提供更加准确和全面的研究结果。

（三）数字技术与文化遗产保护的融合趋势

随着数字技术发展的日新月异，其与文化遗产保护之间的融合趋势正在逐渐显现，并且这一趋势将在未来继续加强。在这样一个时代背景下，图书馆作为文化遗产的重要载体和传承者，必须更加重视数字化技术在文化遗产保护中的应用，以确保文化遗产实现高保真、高精度、高效率的保护和传承。第一，高精度三维建模技术将在文化遗产保护中发挥至关重要的作用。这一技术能够以极高的精度对文化遗产进行三维重建，形成数字孪生体，实现对文化遗产的精细化保护和利用。无论是古建筑、艺术品，还是手稿、文献，都可以通过这一技术进行精确建模，使得这些文化遗产在数字世界中得以重生，不仅可以实现实时的远程观览，还可以进行精确的数据分析，为研究者和保护者提供更丰富的数据支持。第二，人工智能和大数据技术将在文化遗产保护中发挥更大的作用。通过深度学习、机器学习等人工智能算法，可以实现对数字化文化遗产的自动分类、标注、修复和管理，进一步提高保护和利用的效率和质量。此外，大数据技术还可以对大量的数字化文化遗产数据进行深度分析，揭示其背后的历史、文化、社会等丰富信息，为保护和传承提供更可靠的依据。在未来，人们还将看到虚拟现实（VR）和增强现实（AR）技术在文化遗产传承中的广泛应用。虚拟现实技术可以将文化遗产以沉浸式体验的方式呈现给观众，让他们能够身临其境地感受文化遗产的魅力，这种全新的观览方式将极大地增强观众的参与感和体验感。而增强现实技术则可以通过叠加虚拟元素，为观众提供更加丰富和立体的文化遗产体验，如历史知识的科普、艺术品的细节展示等，使得文化遗产的传承更加生动有趣。此外，区块链技术作为一种去中心化的信任机制，也将为文化遗产的保护和传承提供新的可能。通过区块链技术，我们可以建立不可篡改的文化遗产数据档案，确保数据的真实性和完整性，为文化遗产的保护和传承打下坚实基础。

三、图书馆文化遗产保护与社会教育的协同作用

（一）文化遗产保护在社区教育中的作用

文化遗产的保护在社区教育中起着重要的作用。文化遗产是一个民族的精神象征，它蕴含着丰富的历史、文化和艺术内涵，是连接过去与未来的纽带。社区教育作为普及文化教育的重要途径，应当将文化遗产保护纳入教育内容，以增强社区居民对文化遗产的认识和保护意识。通过社区教育，人们可以深入了解文化遗产的价值和意义，学习到保护文化遗产的知识和技能，从而更好地保护和传承文化遗产。首先，社区教育可以通过丰富多彩的教育手段来提升公众对文化遗产的认识和保护意识。社区教育可以开展形式多样、内容丰富的教育活动，如讲座、研讨会、培训班等，向社区居民传授有关文化遗产的知识。这些活动可以邀请专家学者来讲解文化遗产的重要性和保护方法，让社区居民了解到文化遗产的深刻内涵和珍贵性，进而培养他们的文化保护意识。此外，社区教育还可以利用现代科技手段，如网络、手机应用等，将文化遗产的知识普及给更广泛的群体，提高公众对文化遗产的认知水平。社区教育还可以通过实践活动来帮助公众学习和掌握保护文化遗产的技能。社区可以组织各种实践性的活动，如文化遗产保护工作坊、志愿者活动等，让社区居民亲身参与到文化遗产的保护和传承中。这样一来，居民就可以亲眼见证文化遗产的保护和修复过

程了，了解保护文化遗产的具体方法和技术，并学习到文化遗产保护的操作技巧。通过实践活动的参与，社区居民不仅可以锻炼自己的动手能力和团队合作精神，还可以提高对文化遗产保护的理解和重视程度。社区教育还可以通过举办各种形式的文化活动来让公众亲身体验文化遗产的魅力，从而提高他们对文化遗产保护的积极性和参与度。社区可以组织丰富多样的文化活动，如文化展览、演出、庙会等，让居民亲身参与其中，感受文化遗产的独特魅力。通过这些活动，居民可以近距离观赏和欣赏文物、古迹、传统技艺等，增强他们对文化遗产的喜爱和保护意识。同时，这些活动还可以提供一个交流和互动的平台，让社区居民之间可以分享对文化遗产的感悟和体验，激发公众保护文化遗产的热情和积极性。此外，社区教育还可以加强与学校、博物馆、图书馆等机构的合作，共同开展一系列的文化遗产保护活动。学校是培养社区居民文化遗产保护意识的重要场所，博物馆、图书馆等机构则是展示、保存和研究文化遗产的重要载体。社区教育可以与这些机构合作，共同开展文化遗产的保护和传承工作。比如，可以组织学生到博物馆、图书馆开展参观和学习，使他们近距离接触和了解文化遗产；可以邀请专家学者到学校进行讲座和讲解，向学生普及文化遗产的知识，并鼓励他们参与到文化遗产保护的实践中。通过这些合作，社区教育可以扩大影响力，将文化遗产保护的理念普及到更多的人群中。

（二）利用图书馆资源开展文化遗产教育活动

图书馆作为文化教育的核心场所，具有得天独厚的优势，拥有丰富的文化遗产资源。作为知识和信息的宝库，图书馆可以利用这些资源，通过多种方式开展文化遗产教育活动。设立专门的文化遗产展示区是图书馆开展文化遗产教育的一种有效方式。通过精心策划和布置，展示区可以展示珍贵的历史文献、艺术品、手工艺品等，让公众近距离接触和欣赏文化遗产。这些展示品的选择应该注重其历史、艺术和科学价值，以便吸引更多的人关注和了解文化遗产。同时，图书馆可以定期更新展示品，以保持展示区的活力和吸引力。举办文化遗产讲座和研讨会也是图书馆开展文化遗产教育的重要方式。图书馆可以邀请文化遗产领域的专家学者，定期举办讲座和研讨会，分享文化遗产保护的经验和见解。这些讲座和研讨会可以帮助公众深入了解文化遗产的内涵和价值，增强他们的文化遗产保护意识。同时，图书馆也可以邀请一些具有代表性和地方特色的文化遗产传承人到馆内开展交流和讲座，让公众更加了解和认同本土文化遗产的价值。除了举办讲座和研讨会，图书馆还可以开展文化遗产实地考察活动，组织公众参观历史遗址、博物馆等，亲身体验文化遗产的魅力。通过实地考察，公众可以更加直观地了解文化遗产的历史背景、艺术价值和社会意义，增强他们对文化遗产的认同感和保护意识。同时，实地考察也可以促进公众与图书馆之间的互动和交流，增强图书馆在公众心目中的地位和影响力。通过以上几种方式，图书馆可以为广大公众提供一个了解、欣赏和保护文化遗产的平台。在这个平台上，公众可以深入了解文化遗产的内涵和价值，逐步增强文化遗产保护意识，同时也激励着他们为文化遗产的保护和传承做出积极的贡献。除了以上几种方式，图书馆还可以利用现代技术手段，如数字图书馆、虚拟现实等，将文化遗产资源数字化，让公众可以在线上浏览和体验文化遗产。数字图书馆可以将馆内的纸质文献、艺术品等文化遗产资源数字化，建立数字化的文化遗产数据库，方便公众在线浏览和搜索。虚拟现实技术可以将历史遗址、博物馆等文化遗产的实体场所进行虚拟展示，让公众可以在线上体验文化遗产的魅力。通过数字图书馆和虚拟现实技术的运用，图书馆不仅可以拓宽文化遗产教育的受众范围，还可以提高文化遗产的传播效果和影响力。

（三）推广图书馆文化遗产保护的理念与实践

文化遗产是一个国家、一个民族历史和文化的瑰宝，保护文化遗产对于传承历史、弘扬文化、促进社会进步具有重要意义。图书馆作为社会文化教育的重要机构，有责任和义务推广文化遗产保护的理念与实践，发挥其在文化遗产保护中的重要作用。一是要加强图书馆员的培训和教育，增强他们的文化遗产保护意识和专业素养。图书馆员作为文化遗产教育的实施者，他们的专业水平和素质直接影响到文化遗产教育的质量。因此，图书馆应该定期组织培训活动，邀请文化遗产保护领域的专家进行授课，让图书馆员了解文化遗产保护的最新理念和技术，掌握相关知识和技能，以便更好地为读者提供文化遗产教育服务。二是要加大图书馆对文化遗产资源的投入，购买和收藏更多具有历史、艺术价值的文献和物品。图书馆应该积极与政府部门、文化机构、社会组织等合作，以争取更多的资金和资源支持，用于购买和收藏珍贵的历史文献、手稿、艺术品、民俗文物等，为读者提供丰富多样的文化遗产资源。这些资源不仅可以用于课堂教学和学术研究，还可以通过展览、讲座等形式向公众展示，提高公众对文化遗产的认识和保护意识。三是图书馆还应该加强与相关机构的合作，共同推动文化遗产保护工作。例如，可以与博物馆、美术馆、考古遗址等机构合作，共同开展文化遗产保护和传承活动，如展览、讲座、工作坊等。通过这些活动，可以让更多的人了解文化遗产的价值和重要性，增强公众对文化遗产的保护意识。四是要充分发挥文化遗产的教育功能，加强与社会各界的合作与宣传。图书馆可以通过举办展览、制作宣传册、开展讲座等形式，向公众宣传文化遗产保护的理念和知识，提高公众对文化遗产的认识和关注度。同时，图书馆还可以与学校、社区等合作，开展形式多样的文化遗产教育活动，如课堂讲座、实地考察、志愿者服务等，让更多的年轻人了解和参与到文化遗产的保护中来。只有全社会都来关注和参与文化遗产保护，才能使图书馆文化遗产的教育功能得到充分发挥。因此，图书馆应该积极与政府部门、文化机构、社会组织等合作，共同推动文化遗产保护工作，为传承历史、弘扬文化、促进社会进步作出更大的贡献。

第九章

文旅融合背景下图书馆的营销与品牌建设

一、文旅融合背景下的市场营销策略与创新

（一）联合营销策略的运用

在文旅融合的背景下，联合营销策略的运用可以为文旅机构带来更广阔的市场机会和更高的市场竞争力。联合营销是指两个或多个机构合作，通过共同的营销活动来实现双方的共赢。通过与其他相关行业的机构进行合作，文旅机构可以获得更多的资源和渠道。例如，一个文旅机构可以与当地的酒店、旅行社、餐饮企业等进行合作，共同推出旅游套餐，提供一站式服务，从而吸引更多的游客。通过共同的营销活动，文旅机构可以借助合作伙伴的渠道和资源，扩大市场覆盖范围，增加潜在客户的数量。这不仅可以提高文旅机构的业务量和收益，还可以加强与合作伙伴之间的合

作关系，形成长期稳定的合作模式。联合营销还可以增加品牌曝光度、提升宣传效果。合作伙伴之间可以互相宣传推广，通过共同的宣传活动来提高品牌知名度和美誉度。例如，一个文旅机构可以与当地的艺术机构合作，共同举办艺术展览。通过这种合作，文旅机构可以将自身品牌与艺术文化相结合，提升品牌形象和价值。而艺术机构也可以借助文旅机构的资源和平台，将自己的作品和艺术家推向更广泛的受众。这样的互利合作不仅可以吸引更多的目标客户，也可以为文旅机构和艺术机构带来更多的曝光和宣传机会，从而提高它们在市场中的竞争力和地位。另外，联合营销还可以降低机构的市场推广成本。市场推广需要大量的宣传资源和费用，如果机构独自承担这些费用，会给机构带来巨大的负担。而通过与其他机构共同承担营销费用，可以有效地降低机构的单独推广成本。例如，多个文旅机构可以共同举办展览会、嘉年华活动等，共享宣传资源，共同承担推广费用，从而实现共同的市场目标。这种合作不仅可以减轻机构的经济负担，还可以通过资源的共享和协同效应，提高市场活动的效果和效率。除了上述的优势，联合营销还可以带来更多的创新和竞争力。通过与其他机构的合作，文旅机构可以从合作伙伴处获取新的思路和想法，拓宽自己的思维视野，从而推动机构的创新和发展。同时，联合营销也可以促进机构之间的良性竞争，进一步提高机构的服务和产品质量。通过与合作伙伴的竞争，文旅机构可以不断优化自身的产品和服务，提高市场竞争力，满足消费者的需求。然而，在运用联合营销策略时，也需要注意一些问题和挑战。首先，合作伙伴的选择至关重要。合作伙伴应具备相互补充的资源和优势，能够共同实现营销目标。其次，合作伙伴之间的利益分配也需要合理设计和明确协商，避免出现合作关系的不稳定和矛盾。最后，联合营销需要建立良好的合作关系和沟通机制，以便及时解决问题和处理纠纷，确保合作的顺利进行。

（二）个性化服务策略的实施

在文旅融合的背景下，个性化服务是满足消费者需求的重要手段。随着时代的发展和消费者需求的多样化，传统一刀切式的服务方式已经无法满足消费者的个性化需求。而个性化服务能够根据不同消费者的需求和偏好，提供个性化定制的产品和服务，从而提升消费者的满意度和忠诚度。然而，个性化服务的实施需要一系列的策略和措施。在文旅融合的背景下，个性化旅游产品的开发和推广是个性化服务策略的重要组成部分。个性化旅游产品是根据消费者的不同兴趣、偏好和需求，量身定制的旅游产品。传统的旅游产品往往无法满足消费者对特定体验的需求，而个性化旅游产品的开发就能够填补这一空白。例如，一些文旅企业可以根据游客的喜好开发主题旅游产品，如摄影旅游、美食旅游等。对于喜欢摄影的游客来说，他们可以选择参加专门的摄影旅游活动，追寻美景，捕捉瞬间的美丽。而喜欢美食的游客则可以参加美食旅游，沉浸在各种美味的食物中，感受当地独特的美食文化。这样的个性化旅游产品能够满足消费者对特定体验的需求，提升他们的满意度，增加用户黏性。个性化服务还可以通过数据分析和人工智能技术来实现。通过收集和分析消费者的行为数据和偏好，企业可以更好地了解消费者，从而提供更符合消费者需求的个性化服务。在现如今的数字化时代，数据已经成为宝贵的资源。通过分析消费者的购买记录、浏览历史和社交媒体活动，企业可以深入了解消费者的喜好和偏好，从而进行个性化定制。同时，人工智能技术的发展也为个性化服务提供了新的手段。例如，一些文旅企业可以利用人工智能技术开发智能导游机器人，根据游客的兴趣和需求，为其提供定制化的导游服务。这些智能导游机器人可以通过语音交互的方式与游客进行沟通，根据游客的兴趣和需求，为他们提供个性化的旅游建议和信息。通过数据分析和人工智能技术，企业能够更好地了解消费者的需求，提供更准确、更符合消费者期望的个性化服务。另外，个性化服务还可以通过提供个性化的客户关怀来实现。企业可以建立消费者数据库和客户关系管理系统，实时跟踪消费者的消费习惯和反馈，向消费者提供个性化的服务和关怀。消费者关系管理系统能够帮助企业记录和管理消费者的个人信息、购买记录、客户反馈等数据，从而更好地了解消费者的需求和偏好。通过对这些数据的分析和使用，企业可以向消费者提供更加个性化的服务。例如，一些文旅企业可以通过会员制度，为消费者提供专属的优惠和特权，增强消费者的忠诚度和满意度。通过个性化的客户关怀，企业能够与消费者建立更加亲密的关系，提高消费者的信任感和黏性。

（三）网络营销模式的推广

在当今这个数字化时代，网络营销已经成为文旅企业不可或缺的一部分。通过运用网络营销模式，企业能够有效地推广企业形象和产品，吸引更多的消费者，并提供便捷的在线购买渠道和服务体验。第一，企业可以通过建设专业的官方网站来推广企业形象和产品。一个专业的官方网站是展示企业品牌故事和产品特色的重要平台，它能够向消费者传递企业的核心价值和优势。在官方网站上，企业可以提供详细的产品介绍和预订信息，帮助消费者更好地了解和选择产品。此外，官方网站还可以作为与消费者互动的平台，通过在线咨询和客服服务，及时解答消费者的疑问和诉求。如果设计得当，官方网站还可以增加消费者的信任感和忠诚度。第二，企业可以利用社交媒体平台进行网络营销。社交媒体平台如微博、微信、抖音等，拥有庞大的用户群体，是企业进行品牌推广和产品宣传的重要渠道。文旅企业可以通过在这些平台上发布吸引人的内容，如旅游攻略、游记、景点介绍等，增加用户的参与和互动。此外，企业还可以利用社交媒体平台进行市场调研，了解消费者的需求和反馈，以便不断改进产品和服务。除了社交媒体平台，企业还可以通过其他渠道进行网络营销。例如，搜索引擎营销和广告投放是提高网络曝光和流量的重要手段。通过搜索引擎优化和投放广告，企业可以在搜索结果中获得更高的排名和曝光度，吸引更多的点击和访问。同时，在相关的旅游网站和社交媒体平台上进行广告投放，也可以有效地提高企业的品牌曝光度和产品销售量。此外，与其他旅游相关网站或社交媒体平台进行内容合作或活动推广，也是一种有效的网络营销策略。企业可以利用电子邮件营销进行推广，通过定期向潜在客户发送有价值的内容和优惠信息，以提高邮件订阅用户的忠诚度，增加转化率。对于文旅企业来说，这可以包括旅游优惠券、活动通知、旅行小贴士等内容。

二、文旅融合背景下的图书馆品牌建设与推广

（一）图书馆品牌建设的价值与策略

在现今这个信息爆炸的时代，图书馆作为文化传播的重要载体，其品牌建设对于提升图书馆的价值和地位至关重要。一个鲜明的品牌形象不仅可以使图书馆在竞争激烈的文化旅游市场中独树一帜，还可以提升图书馆的口碑，提高读者的忠诚度和回头率，进一步扩大图书馆的社会影响力。优质的图书馆品牌建设能使图书馆在众多文化机构中脱颖而出，形成独特的特色，从而吸引更多的游客和读者。一个强大的品牌形象就像一张独特的名片，能够让人们迅速识别并记住图书馆的特色和优势。例如，有些图书馆可能以丰富的馆藏古籍闻名，有些则以现代化的设施和服务吸引年轻

人。这样的品牌建设有助于图书馆吸引各类读者群体，扩大影响力。一个强大的品牌形象不仅能增强图书馆的口碑，还能提高读者的忠诚度和回头率，读者会口口相传，将图书馆推荐给更多的人，从而吸引更多的读者。同时，一个良好的品牌形象也能增强图书馆与读者的互动，使读者更加愿意参与图书馆的活动，进一步增强图书馆与读者的关系。图书馆品牌的建设还能增加图书馆的社会影响力，使其成为文化和教育事业的重要推动者。一个具有影响力的图书馆不仅能吸引更多的读者，还能为社区的文化和教育事业做出贡献。通过举办各种讲座、展览等活动，图书馆可以提升社区居民的文化素养，促进知识的传播和交流。在策略方面，图书馆品牌的建设需要明确图书馆的核心价值和定位。作为文化和知识的守护者，图书馆应以传播知识、服务读者为中心，打造知识分享和学习的核心场所。为了实现这一目标，图书馆需要提供高质量的图书馆资源和服务，包括丰富的馆藏、舒适的阅读环境、高效的借阅流程等。此外，建立互动平台也是关键的一步，通过举办各种活动，如讲座、展览、工作坊等，吸引读者的参与和互动，增加读者对图书馆的认同感和归属感。在资源和服务方面，图书馆需要不断优化和创新。一方面，馆藏资源是图书馆的核心竞争力之一，除了传统的纸质书籍外，还应包括电子书、数据库、学术资源等多样化的形式。另一方面，服务的提升也是品牌建设的重要组成部分。高效的借阅流程、便捷的数字化服务、舒适的阅读环境等都能提升读者的满意度。同时，图书馆还需要注重与社区的互动和合作。可以通过参与各种社区活动、与学校和教育机构建立合作关系、开展数字素养教育等，进一步扩大社会影响力。

（二）利用新媒体平台推广图书馆品牌

在当今这个数字化时代，新媒体平台已经成为传播信息和扩大影响力的主要渠道。在这个信息爆炸的时代，新媒体平台为图书馆品牌推广提供了新的契机。为了更好地吸引和影响读者，图书馆需要在这些新媒体平台上积极展现，利用各种社交媒体平台如微信、微博、抖音等，发布各类与图书馆相关的内容，包括图书推荐、阅读活动、展览信息等，以此吸引更多的读者关注和参与。图书馆需要充分利用微信平台。微信作为目前国内使用最广泛的社交媒体平台，拥有庞大的用户群体。图书馆可以通过微信公众号定期发布图书馆的最新动态、图书推荐、阅读活动等信息，同时也可以通过与读者的互动，了解读者的需求和反馈，进而不断改进和提升服务质量。此外，图书馆还可以通过微信公众号的在线服务功能，提供图书查询、预约借阅、续借等便捷服务，提高读者的满意度。微博也是一个重要的新媒体平台。微博作为社交媒体中的"言论广场"，具有强大的传播力和影响力。图书馆可以通过微博发布各类阅读活动、展览信息等，吸引更多读者的关注和参与。同时，图书馆还可以通过与微博用户的互动，了解读者的需求和反馈，从而更好地为读者提供服务。除了社交媒体平台，图书馆还可以利用抖音等短视频平台进行品牌推广。通过拍摄有趣的、与图书馆相关的短视频，吸引更多的用户关注和互动。这些短视频不仅可以展示图书馆的内部环境、设施和服务，还可以通过有趣的创意和互动环节，吸引更多的读者参与阅读活动。除了社交媒体平台，图书馆还需要注重官方网站的建设。官方网站是图书馆对外展示形象的重要窗口，也是提供在线服务的主要平台。图书馆可以通过官方网站提供在线阅读、图书馆导航、服务咨询等功能，满足读者的多样化需求。同时，图书馆还可以通过官方网站收集读者的反馈和意见，以此不断改进服务质量。此外，图书馆还可以利用移动应用程序进行推广。随着移动设备的普及，移动应用程序成为图书馆提供服务的新方式。通过移动应用程序，读者可以更加方便地使用查询图书、预约借阅、获取活动信息等服务。图书馆可以通过开发自己的移动应用程序，提供更加个性化和便捷的服务，提高读者的满意度和忠诚度。

（三）与相关行业合作推广图书馆品牌

在当今信息爆炸的时代，图书馆作为知识的宝库，其品牌形象和影响力的重要性不言而喻。然而，如何有效地推广图书馆品牌，提升其在公众心中的地位，是每一个图书馆都需要面对和解决的问题。传统的推广方式，如举办公益活动、举办讲座和展览等，虽然能够吸引一定的读者群体，但影响力和覆盖面都有一定的局限性。因此，寻求新的推广途径，创新推广模式，成为图书馆发展的重要方向。其中，与相关行业合作推广图书馆品牌，就是一种具有创新性和实效性的推广方式。旅游、酒店、电影院等行业，它们与文化活动有着密切的联系，其受众群体也与图书馆的目标读者群体有较大的重叠。因此，图书馆可以与这些行业进行深度合作，共同打造文化旅游的联动效应，提升图书馆的品牌知名度，扩大其影响力。图书馆可以与旅行社合作，推出文化旅游线路，将图书馆作为旅游景点进行推广。在现代社会，旅游已经成为人们生活的一部分，通过将图书馆融入旅游线路，可以吸引更多的游客前来参观。图书馆可以通过安排导览和讲解，向游客介绍图书馆的历史、建筑特色、藏书丰富度以及服务项目等，让他们了解图书馆不仅仅是一个藏书的地方，更是一个文化传播的重要场所。这样，既能让游客在旅游过程中感受到图书馆的魅力，也能让图书馆的文化价值得到更广泛的传播。图书馆还可以与酒店合作，提供文化主题房间和阅读角落，为住客提供独特的阅读和居住体验。酒店作为旅游的重要环节，其受众群体与图书馆的目标读者群体有较大的重叠。图书馆可以通过与酒店合作，将图书和文化元素融入酒店服务，为住客提供一种全新的体验。这种体验不仅能够让住客感受到图书馆的文化氛围，还能激发他们对阅读的兴趣，从而增加图书馆的读者群体。同时，图书馆还可以与电影院合作，举办电影放映活动，打造文化影院，吸引更多的观众到图书馆观看电影展映。电影作为一种受欢迎的文化形式，其受众群体广泛。图书馆可以通过与电影院合作，将电影与文化元素结合，打造出一个独特的文化空间。这样，既能让观众在观影过程中感受到图书馆的魅力，也能让图书馆的文化价值得到更广泛的传播。通过与相关行业的合作，图书馆不仅可以扩大其品牌的影响力和受众群体，增加读者和参与者的数量，还能提升图书馆在文化旅游领域的地位和形象。这对于图书馆的发展，无疑具有重要的意义。然而，如何进行有效的合作，如何将图书馆的文化价值与相关行业的服务相结合，这需要图书馆在实践中不断探索创新。只有这样，图书馆才能在与其他相关行业的合作中提升自身的品牌影响力，实现互利共赢。

三、图书馆营销模式与推广策略的创新与应用

（一）利用大数据和人工智能技术优化营销策略

在当今这个信息技术迅猛发展的时代，大数据和人工智能技术已经渗透到了社会的方方面面，成为推动各项事业进步的重要力量。图书馆作为传播知识、服务社会的公共文化机构，自然也不例外。大数据和人工智能技术的应用，不仅有助于图书馆优化其营销策略，提升服务质量，还能进一步增强图书馆的影响力，满足公众日益增长的精神文化需求。大数据和人工智能技术的出现，提供了更为精确的用户需求分析工具。在传统模式下，图书馆往往依靠问卷调查、用户访谈等手段来了解用户需求，但这些

方法往往受限于样本数量有限、调查结果主观等因素，难以做到全面、精准。而大数据技术的应用，使得图书馆可以实时收集和分析用户行为数据，从而更准确地把握用户的兴趣点和需求变化。通过对这些数据的深入挖掘和分析，图书馆就能有针对性地调整服务内容和形式，提供更加符合用户需求的个性化服务。人工智能技术的应用也为图书馆提供了更为高效的服务手段。例如，通过自然语言处理技术，图书馆可以开发出智能问答系统，使用户在查询信息时能够享受到更为便捷的服务。以往，用户在遇到问题时，需要通过电话、邮件等方式联系图书馆工作人员，这不仅耗费时间，有时也难以得到满意的答复。而智能问答系统的出现，使得用户可以随时随地通过网络提问，系统会根据用户的问题自动给出解答，或者将问题推送给工作人员处理。这样，不仅提高了服务效率，也提升了用户体验。图书馆还可以利用人工智能技术，如机器学习、深度学习等，对用户行为进行预测，从而提前布局服务资源，满足用户的潜在需求。例如，通过对用户借阅、浏览历史的分析，图书馆可以预测出用户的下一步需求，提前将相关书籍或资源推荐给用户。这种基于预测的分析，不仅可以提高资源利用率，也能使用户在第一时间获得所需服务。当然，大数据和人工智能技术的应用并非一帆风顺。图书馆在实际操作过程中，还需要克服诸多难题，如数据安全问题、用户隐私问题、技术更新换代问题等。这就要求图书馆在推进大数据和人工智能技术应用的同时，也要注重加强相关技术的研究和人才培养，确保技术的合理、安全应用。

（二）利用社交媒体平台开展互动式推广活动

社交媒体平台的兴起和广泛应用为图书馆开展互动式推广活动提供了全新的机遇和可能性。传统的推广方式已经不再能够满足用户的需求，而且也很难触达到更广泛的用户群体。而通过利用各类社交媒体平台，如微博、微信、知乎等，图书馆可以积极地与用户进行互动，通过传播图书馆的品牌形象和资源信息，从而吸引更多的用户关注和参与。这种互动式推广活动不仅能够增加用户的参与感和归属感，还能够提升用户对图书馆的认识和了解。以微博为例，图书馆可以利用微博上的用户群体开展图书推荐的投票活动。通过提供一系列的选项供用户选择，并邀请用户通过点赞、评论等方式进行投票，从而评选出最受欢迎的图书。这种活动不仅可以增加用户的参与感，更重要的是通过用户的投票行为，图书馆可以了解到用户对哪些图书比较感兴趣，进而为用户提供更加符合其需求的图书推荐服务。这不仅可以提升用户的满意度，还能够增加图书馆的读者黏性，使用户更加愿意长期使用图书馆的资源。通过与用户的互动，图书馆可以更好地理解用户需求，提供更加个性化的服务。另外，在社交媒体平台上，图书馆还可以组织线上线下相结合的读书俱乐部活动。通过邀请读者在社交媒体平台上分享阅读心得、讨论图书内容以及交流阅读经验，图书馆可以架起读者与读者之间沟通的桥梁，让读者能够通过社交媒体互相影响、分享和学习。通过这种方式，图书馆可以加深用户对图书馆的认识，使他们更积极地利用图书馆的资源。同时，这种活动也能够不断增强图书馆的影响力，吸引更多的读者和潜在读者关注和加入读书俱乐部，从而进一步扩大图书馆的用户群体。除了传播图书馆的品牌形象和资源信息，通过社交媒体平台的运用，图书馆还可以更好地传播一些专业知识和信息。图书馆可以通过发布图书推荐、知识分享、阅读活动等内容，提供给用户更多有价值的信息，提高用户对图书馆的关注度和信任度。在社交媒体平台上，广大用户可以通过关注图书馆的账号，获取到最新的图书推荐、阅读活动等信息，这不仅能够满足用户获取信息的需求，还能够提高用户对图书馆的信任和满意度。当然，在利用社交媒体平台开展互动式推广活动时，图书馆也需注意一些问题。首先，图书馆需要根据不同社交媒体平台的特点和用户群体的特点，制定相应的推广策略和目标。不同的社交媒体平台有不同的特点，用户在不同的平台上对内容的接受度也会有所不同。因此，图书馆需要根据实际情况来选择合适的社交媒体平台，并根据平台的特点来制定相应的推广策略，使推广活动更加精准和有效。图书馆还需要保持与用户的良好互动。用户使用社交媒体平台主要是为了与其他人进行互动和交流，而不仅仅是为了获取信息。因此，图书馆需要在社交媒体平台上及时回复用户的评论和问题，并与用户进行更加深入的交流。这样可以增加用户对图书馆的关注度和信任度，吸引更多的用户参与到图书馆的推广活动中来。最后，图书馆需要定期进行推广活动的评估和调整。通过不断地观察和了解用户的反馈和需求，图书馆可以及时调整推广策略和活动内容，提高推广活动的效果和用户的满意度。在社交媒体平台上进行推广活动是一个动态的过程，图书馆需要保持敏锐的观察力和学习能力，不断地总结经验并改进策略，从而获得更多的用户支持和参与。

（三）创新图书馆活动策划与实施方式

在当今这个知识更新迅速、信息爆炸的时代，图书馆作为知识的殿堂，不仅需要提供丰富的图书资源，更需要通过创新活动的实施方式，提升用户的参与度和体验感。图书馆活动是图书馆服务的重要组成部分，它能够帮助读者拓展知识面，提高综合素质，同时也能够增强图书馆与读者之间的联系，提升图书馆的社会影响力。图书馆需要针对不同年龄段、不同兴趣的用户开展多样化的活动。众所周知，青少年时期是一个人成长的重要阶段，也是阅读兴趣和创造力培养的关键时期。因此，图书馆可以组织一系列针对青少年的活动，如故事会、手工制作、绘画比赛等，通过这些活动，既可以激发他们的阅读兴趣，也可以培养他们的创造力和动手能力。对于成年读者，他们的需求更加多元化，图书馆可以组织专题讲座、座谈会和读书分享会等，提供知识分享和学习交流的平台，帮助他们提升自身的知识水平和综合素质。图书馆还可以针对特殊人群开展特色活动，如针对老年人开展的养生知识讲座、针对残障人士开展的手工制作活动等，这些活动不仅能够满足他们的特殊需求，也能够让他们感受到社会的关爱和尊重。同时，图书馆也可以根据节假日和特殊日期，如世界读书日、儿童节等，策划相关的主题活动，引导读者关注和参与。图书馆可以与其他机构或社区合作，开展联合活动。图书馆作为一个开放的公共空间，具有广泛的社会联系和资源整合能力。图书馆可以与学校、企业、社区等机构建立合作关系，共同策划和实施活动。例如，图书馆可以与学校合作举办读书活动，通过组织学生到图书馆参观、阅读，搭建起学校和图书馆之间的桥梁，促进读书氛围的形成和文化的传承。此外，图书馆还可以与企业合作，开展知识讲座、职业培训等活动，提升读者的职业技能和就业竞争力。同时，图书馆还可以与社区合作，深入了解社区的需求和特点，共同策划和实施符合社区特色的活动。例如，图书馆可以与社区合作开展文化沙龙、社区阅读等活动，通过这些活动，既可以提升居民的阅读兴趣和文化素养，也可以增强社区的凝聚力和向心力。此外，图书馆还可以与商家合作开展优惠活动，例如与咖啡厅合作，为读者提供优惠的咖啡和阅读环境，提升用户的体验感和满意度。这种合作不仅可以吸引更多的读者到图书馆阅读，也可以为商家带来更多的客流，实现互利共赢。在策划和实施活动时，图书馆还需要注重活动的创新性。创新是图书馆活动的灵魂，也是吸引读者的关键。图书馆可以通过引入新技术、新理念，或者采用新的活动形式，如虚拟现实（VR）、增强现实（AR）等，提升活动的趣味性和互动性。例如，图书馆可以利用数字化技术，开展各类丰富多彩的阅读活动，让读者在虚拟空间中体验阅读的乐趣。图书馆还可以通过举办特色展览、举办特色讲座、开展特色服务等，提供独特的服务体验，吸引读者的关注和参与。例如，图书馆可以举办名人讲座、知名作家见面会等活动，吸引读者积极参与。此外，图书馆还可以开展特色服务，如图书借阅、阅读推荐、知识咨询等，满足读者的个性化需求。在策划和实施活动时，图书馆还需要注重对活动的效果评估和总结，通过评估和总结，了解活动的效果和不足，为下一次活动的策划和实施提供参考和借鉴。例如，图书馆可以通过问卷调查、访谈等方式，了解读者对活动的评价和意见，根据读者的反馈，不断优化和调整活动内容和形式，提升活动的质量和效果。

第十章

文旅融合背景下图书馆的创新技术与应用

一、新技术与图书馆服务创新的关系

随着科技的不断发展，新技术在各个领域中都起到了重要的推动作用，图书馆作为一个信息服务中心，自然也深受新技术的影响。新技术为图书馆提供了更多的机会和方式去创新和提升自己的服务质量，从而更好地满足用户的需求。

新技术对图书馆服务的促进作用是多方面的。第一，新技术为信息的获取提供了更多的渠道和途径。以互联网为代表的新技术，使人们获取信息的时间成本和空间限制大大降低，只需要一台电脑或者手机，用户就可以随时随地获取到所需的信息。这样，图书馆可以通过建设数字化平台、开展在线搜索服务等方式，将信息资源传递给更多的用户，提高了服务的普及性和时效性。第二，新技术使得用户可以更加便捷地利用和管理信息。传统的图·书馆服务常常需要用户亲自前往馆内，通过检索图书馆的图书目录或者询问馆员来获取图书信息，但这些过程费时费力。而新技术则使得用户可以通过在线的方式查询到所需的信息，并通过数字化的形式阅读或下载文献。同时，新技术还提供了更多的工具和软件，使用户可以更加方便地管理自己的文献资料，例如通过文献管理软件将同一领域的文献整理归纳，提高学术研究的效率。第三，新技术为图书馆服务提供了更多的创新空间。以人工智能、大数据、虚拟现实等新技术为代表，图书馆可以通过引入这些技术来开展更多的服务创新。例如，利用人工智能技术，图书馆可以开发智能问答系统，使用户能够更快速地获取到解答；利用大数据技术，图书馆可以分析用户的阅读行为和需求，提供更加个性化的推荐服务；利用虚拟现实技术，图书馆可以构建虚拟图书馆，使用户可以在更加沉浸的环境中进行学习和阅读等。

为了更好地利用新技术来提升服务质量，图书馆进行了很多具体的实践。一是积极推进数字化建设。通过数字化建设，图书馆将纸质文献转化为电子资源，并将其存储在数据库中，用户可以通过图书馆的官方网站或其他平台进行在线查询和下载。这样，用户无须亲自前往图书馆，就可以方便地获取到所需的文献资源。同时，数字化建设还为展示图片、音频、视频等多样化的资源提供了可能，丰富了用户在图书馆的阅读体验。二是图书馆不断加强与互联网的连接。图书馆将自己的服务逐渐从实体空间转移到了虚拟空间，通过建立官方网站、推出移动端 APP 等方式，将图书馆的服务延伸到了互联网上。用户可以通过图书馆的官方网站进行在线检索、预约书籍、借还书籍等操作，还可以参加图书馆组织的线上活动和培训课程。这样，用户就不再受时间和地域的限制，可以随时随地享受到图书馆的服务。三是利用数据分析技术进行用户需求研究。通过分析用户的阅读行为、检索关键词、借阅记录等数据，图书馆可以了解用户的兴趣和需求，从而更好地满足他们的阅读需求。例如，图书馆可以根据用户的阅读历史和兴趣偏好，进行个性化推荐，为他们提供更加符合其需求的图书资源。通过数据分析，图书馆可以不断优化自己的服务，提高用户满意度。四是注重引入新技术进行服务创新。图书馆可以积极引入人工智能技术，开发智能问答系统。令用户通过文字或语音与智能问答系统进行交互，快速地获取到所需的信息。图书馆还开发了基于大数据技术的图书推荐系统，根据用户的阅读记录和评价，为他们推荐符合其兴趣的图书。同时，图书馆还开始尝试利用虚拟现实技术，构建虚拟图书馆。用户可以通过虚拟现实设备，进入到一个具有逼真场景的虚拟环境中，与图书馆的资源进行互动，获得更加沉浸式的阅读和学习体验。

二、图书馆创新技术与服务质量提升的关系探讨

随着信息时代的到来，图书馆不再只是简单地提供纸质书籍和文献资源的场所，而是成为一个信息服务中心，馆藏中蕴藏着大量的数字化数据。如何高效地管理这些数据是图书馆工作中的重要任务。新技术的不断创新与应用，为图书馆数据管理带来了许多新的机遇和挑战。相应地，图书馆的技术创新之于数据管理技术的发展也有着广阔的前景。

新技术在数据管理方面的应用与创新实践给图书馆的运营带来了很多便利和改进。数字化技术极大地促进了图书馆数据的整理和存储。通过数字化技术，图书馆可以将纸质文献转化为电子资源，并建立电子图书数据库，通过信息系统进行管理和检索。图书馆员工可以通过网络和数据库快速地找到所需的信息资源，并对数据进行分类和组织，提高了工作效率。云计算技术的应用为图书馆的数据管理带来了巨大的便利。云计算技术将数据存储和处理的过程放在了云端服务器上，图书馆可以将大量的数据存储在云端，实现了数据的集中管理和备份。同时，通过云计算技术，图书馆能够更好地进行数据共享，用户可以通过互联网随时随地访问图书馆的资源。大数据技术的应用使得图书馆能够更加深入地了解用户的需求和行为，通过对大量的用户数据进行分析和挖掘，获得用户习惯、兴趣等信息。图书馆可以通过分析用户的阅读记录、借阅情况等，为用户提供个

性化的推荐服务。大数据技术还可以帮助图书馆更好地预测用户体验，提前进行采购和资源分配，更好地满足用户的阅读需求。人工智能技术的应用为图书馆的数据管理和服务提供了更加智能化的解决方案。图书馆可以通过建立智能问答系统，实现自动化、快速的咨询服务。用户可以通过与智能问答系统的交互，获取所需的信息，无须等待图书馆员工的回复。而且，人工智能技术还可以实现数据的自动分类和归档，提高图书馆数据管理的效率。

数据管理技术在图书馆领域的发展还有着广阔的前景。第一，图书馆将会更加注重数据安全和隐私保护。随着用户数据的增加和需求的多样化，图书馆将面临更大的数据管理难题。因此，图书馆需要加强对数据的安全性和用户隐私的管理，建立健全的数据安全和隐私政策。第二，数据可视化将在图书馆的数据管理中发挥重要作用。数据可视化技术可以将复杂的数据转化为图表、图像等形式，直观地展示数据间的关系和变化趋势。通过数据可视化技术，图书馆可以更加直观地理解用户需求、了解资源利用情况，从而更好地进行数据分析和决策。第三，图书馆将更加重视知识图谱的建设和应用。知识图谱是以语义为基础，以图论为工具，通过多属性和多维度的描述构建的知识网络，用于表示和推理知识。图书馆可以通过建立和应用知识图谱，将图书馆的数据关联起来，提供更加智能化的服务。通过知识图谱，图书馆可以为用户进行更加精准的图书推荐，提供更加全面的文献检索和知识链接。第四，区块链技术的应用可能会改变图书馆数据管理的方式。区块链技术可以实现去中心化的数据管理，保证数据的安全性和完整性。图书馆可以通过引入区块链技术，建立起一个去中心化的图书馆网络，实现资源共享、数据交换和信任建立。

三、新技术在图书馆资源整合与共享中的应用与发展趋势

随着科技的飞速发展，新技术在图书馆资源整合与共享中的应用越来越广泛。这些新技术不仅提高了图书馆的服务效率，也使得图书馆资源能够更好地服务于广大读者。在资源整合方面，大数据、云计算、人工智能等新技术得到了广泛应用。例如，大数据技术可以对图书馆的海量数据进行深度挖掘和分析，帮助图书馆了解读者的阅读习惯、需求和喜好，从而更好地进行资源采购和布局优化。云计算技术可以实现图书馆资源的远程访问和共享，读者可以随时随地获取所需的资源。人工智能技术则可以通过智能推荐系统，根据读者的阅读历史和行为，为其推荐最符合其需求的资源。在资源共享方面，区块链技术被广泛应用于图书馆的版权保护和授权管理中。通过区块链技术，图书馆可以建立版权登记和授权管理系统，实现版权信息的透明化和实时更新，保护原创作者的权益，同时也方便了资源的授权和管理。此外，物联网技术也可以用于图书馆的设备管理和资源调度，提高图书馆的运营效率和服务质量。未来，随着科技的不断

发展，新技术在图书馆资源整合与共享中的应用将会更加广泛和深入。例如，5G 技术的应用使远程访问和实时互动成为可能，进一步拓宽了图书馆的服务范围和方式。虚拟现实（VR）和增强现实（AR）技术则可以为用户带来更加沉浸式的阅读体验，提高读者的阅读兴趣和满意度。此外，智能家居技术和人工智能技术的发展也将为图书馆带来更多的可能性，如智能化的资源推荐、自动化的设备管理和智能化的空间布局等。同时，随着读者需求的不断变化，图书馆也需要不断调整和创新服务模式。例如，数字化、网络化、智能化的发展将使得图书馆更加注重数字化资源的建设和服务，为读者提供更加便捷、高效、个性化的服务体验。此外，随着环保理念的普及，图书馆也需要积极探索绿色、低碳的运营模式，实现可持续发展。

第十一章

文旅融合背景下图书馆的自评与改进

一、图书馆自评体系的建立与完善

在当今文旅融合发展趋势不断加强的大背景下，图书馆作为文化交流的重要场所，其在文旅融合中的地位和作用也日益凸显。图书馆不仅是知识的宝库，更是文化传播的重要平台，承担着传承文化、服务社会的重任。面对新的发展形势，图书馆如何适应和引领这一趋势，更好地发挥自身的作用，成为摆在我们面前的一个重要课题。在这个过程中，建立和完善图书馆自评体系显得尤为重要。自评体系，顾名思义，就是图书馆对自身运行情况进行全面、客观评估的方法和体系。通过自评，图书馆可以更好地了解自身的优势和不足，为改进提供指导和方向。建立和完善图书馆自评体系，既是提升图书馆服务质量和管理水平的内在要求，也是适应文旅融合发展趋势的必然选择。建立图书馆自评体系，首先要明确自评的目标和范围。自评的目标是什么？是提升服务质量，还是提高管理水平？是优化馆藏资源，还是提升读者满意度？明确自评目标是开展自评工作的前提。自评的范围包括哪些方面？是全面评估图书馆的各项业务，还是仅针对某一特定领域？是关注图书馆的硬件设施，还是软件服务？明确自评范围有助于图书馆有针对性地开展自评工作。确定自评的内容和指标是建立自评体系的关键。自评的内容是指评估的具体方面，如馆藏资源、读者服务、文化传播等。在馆藏资源方面，可以评估图书馆的图书数量、种类、结构等；在读者服务方面，可以评估图书馆的服务态度、服务效率、服务满意度等；在文化传播方面，可以评估图书馆的文化活动策划、实施、效果等。指标是用于衡量和评价图书馆在各个方面表现的具体指标，如馆藏图书数量、读者满意度等。合理设置指标，既能科学评估图书馆在各方面的表现，也能为图书馆的改进提供明确方向。最后是确定自评的方法和程序。自评的方法可以包括问卷调查、访谈、观察等。问卷调查可以通过收集读者的意见和建议，了解图书馆服务的现状和问题；访谈可以与图书馆工作人员、读者等进行深入交流，了解他们对图书馆服务的看法和建议；观察可以直接了解图书馆的运行情况，如馆内环境、服务流程等。自评的程序是指评估的具体步骤和流程，如制定自评方案、开展自评活动、整理评估数据、分析评估结果等。

二、图书馆自评的方法与指标体系构建

图书馆自评的方法是评估和改进图书馆的工作效果和服务质量的关键步骤。在开展自评工作时，图书馆可以根据自身情况和需求选择不同的方法。常见的自评方法包括问卷调查、访谈和观察。问卷调查是一种广泛采用的自评方法。通过向读者发放问卷，图书馆可以收集到读者对馆藏图书、服务态度等方面的满意度和意见建议。问卷调查可以帮助图书馆了解读者的需求和期望，并及时发现问题和不足之处。通过分析问卷结果，图书馆可以有针对性地改进工作，提高服务质量。访谈是另一种常用的自评方法。通过与读者、员工进行面对面的深入交流，图书馆可以更全面地了解读者的需求和对图书馆的期望。访谈可以提供更具体的信息和深度洞察，有助于图书馆改进工作和制定发展策略。访谈还可以促进图书馆与读者之间的沟通和互动，增强彼此的理解和信任。观察是另一种自评方法。通过对图书馆的运行情况进行观察和记录，可以了解图书馆的运行状况、服务效果并明确改进方向。观察可以通过实地考察、日常监测和数据记录等方式进行。通过观察，图书馆可以及时发现问题，改进工作流程，优化服务环境，提升读者体验。图书馆自评的指标体系应该是全面客观的。指标体系应该综合考虑到馆藏管理、读者服务、人员素质、信息技术应用等各方面的指标，以全面评估和反映图书馆的综合实力和服务水平。馆藏管

理方面的指标可以包括馆藏图书数量、馆藏资源更新率、馆藏图书的借阅率等。馆藏图书数量可以反映图书馆的馆藏规模和资源丰富程度，馆藏资源更新率可以评估图书馆的采购和更新能力，图书的借阅率可以反映图书馆馆藏的使用情况和对读者需求的满足程度。读者服务方面的指标可以包括读者满意度、服务质量评价等。通过评估读者满意度和服务质量，图书馆可以了解读者对馆内各项服务的满意程度，发现服务不足之处，并采取措施改进服务，提升读者体验。人员素质方面的指标可以包括员工职业素养、工作态度等。员工职业素养可以考核图书馆员工的专业知识水平和技能掌握程度，工作态度可以评估员工的工作热情和责任心，以及与读者的互动效果。信息技术应用方面的指标可以包括数字化资源建设、信息化服务等。数字化资源建设可以评估图书馆的数字化资源丰富程度和数字化技术应用水平，信息化服务可以评估图书馆的信息技术支持能力和服务便捷性。指标的设定应该具有可衡量性、可比较性和可操作性。可衡量性是指指标能够通过具体的数据和信息进行评估和比较。例如，馆藏图书数量可以通过统计图书馆的馆藏数据得出；可比较性指的是指标可以进行横向和纵向的比较，以更好地评估图书馆的实力和水平。可操作性是指指标要可操作，能够为图书馆提供具体的改进方向和参考依据。在构建指标体系时，图书馆可以借鉴已有的标准和评价体系，并结合自身的实际情况进行适度调整和改进。指标体系的建立需要确保指标间的内在逻辑和相互关联，以支持图书馆的全面发展和改进。

三、图书馆自评结果的分析与改进策略的提出

图书馆自评是图书馆管理工作中的重要环节，通过对图书馆各项工作的全面评估，可以发现图书馆存在的问题和不足，进而改进和提升图书馆的服务质量。图书馆自评的结果应该通过数据分析和解读，得出客观、准确的评估结果。只有客观、准确的评估结果，才能为图书馆的改进策略提供有力的支持。根据评估结果，图书馆可以制定相应的改进策略。改进策略的制定应该基于实际情况，针对评估结果中存在的问题和不足，制订切实可行的改进计划。比如，如果评估结果显示读者对馆藏资源的满意度较低，图书馆可以考虑增加馆藏图书数量，提高馆藏资源的质量和更新速度。此外，图书馆还可以通过优化图书分类、提高图书检索效率等方式，提升读者对馆藏资源的满意度。在改进策略的制定过程中，图书馆应该积极采纳读者的建议和意见，改进自身的服务质量。读者是图书馆的主要服务对象，他们的意见和建议对于图书馆的改进具有重要价值。图书馆可以通过建立反馈渠道，鼓励读者提出意见和建议。比如，图书馆可以通过设置意见箱、进行在线问卷调查等方式，收集读者的意见和建议。同时，图书馆还可以定期举办读者座谈会，与读者面对面交流，了解他们的需求和期望。此外，图书馆应该加强自身的学习和创新能力，不断提高自身的综

合实力。随着社会的不断变化，图书馆需要不断适应新的需求和挑战。图书馆可以通过加强对员工的培训和教育，提升员工的专业素养和服务水平。同时，图书馆还可以通过引入新技术、新理念等方式，创新图书馆的服务方式和服务内容。比如，图书馆可以利用数字技术，提供线上阅读、电子书借阅等服务，满足读者多样化的阅读需求。除了以上几点，图书馆还应该注重与其他图书馆的合作与交流，共享资源，提高图书馆的整体实力。图书馆可以与其他图书馆建立合作关系，进行资源互补和共享，提高馆藏资源的利用效率。同时，图书馆还可以与其他图书馆开展联合活动，提升图书馆的影响力和知名度。最后，图书馆应该建立健全的图书馆管理制度，确保图书馆各项工作的顺利进行。图书馆管理制度应该包括图书馆的日常工作、图书馆的财务管理、图书馆的人事管理等各个方面。通过建立健全的图书馆管理制度，可以提高图书馆的工作效率，保障图书馆的可持续发展。

第十二章

文旅融合背景下图书馆的未来发展趋势预测

一、文旅融合对图书馆未来发展趋势的影响

在当今社会，文化与旅游的融合已经成为一种全球性的趋势，它不仅仅是一种文化现象，更是一种经济发展的新模式。在这样的大背景下，图书馆作为一个重要的文化机构，也受到了深远的影响。图书馆的未来发展趋势，无疑将会受到文旅融合的深刻塑造。第一，图书馆的功能将逐渐向多元化发展。在传统的观念中，图书馆只是知识的储存地，借阅、阅读、检索是其主要功能。然而，在文旅融合的大背景下，图书馆开始向多元化发展。首先，图书馆不仅可以提供图书借阅服务，还可以作为文化展示的场所，宣传展示当地的传统文化、历史遗产等。通过这种方式，图书馆不仅在知识的储存和传播上发挥作用，更是为读者提供了一个了解和体

验当地文化的平台。其次，图书馆还可以举办各类文化活动，如讲座、展览、工作坊等，以满足不同人群的需求。这些活动不仅丰富了人们的文化生活，也加深了人们对文化的理解和认识。第二，图书馆的服务模式也在发生变化。传统的图书馆服务模式主要是以纸质图书借阅为主，而在文旅融合背景下，图书馆的服务模式开始向数字化、网络化转变。数字化服务不仅可以提高图书借阅的便利性，还可以通过大数据分析，为读者提供个性化的服务。例如，图书馆可以通过数据分析，了解读者的阅读喜好，然后根据这些信息为其推荐相关的书籍或活动。此外，图书馆还可以通过网络平台，为读者提供远程服务，如在线咨询、电子书下载等。这种服务模式不仅方便了读者，也提高了图书馆的服务效率。第三，在文旅融合的背景下，图书馆的发展也促进了文化与旅游的深度融合。图书馆作为文化的重要载体，可以成为旅游景点的一部分，吸引更多的游客前来参观。例如，一些图书馆会定期举办特色展览，展示当地的历史文化，吸引了大量游客。同时，图书馆也可以通过举办各类文化活动，如文化讲座、文化展览等，吸引游客参与，从而促进当地旅游业的发展。这种模式不仅丰富了旅游的内容，也加深了人们对文化的理解和认识。

二、图书馆未来发展的挑战与应对策略

随着文旅融合的推进，图书馆的发展面临着新的机遇和挑战。在数字

化、网络化的趋势下，图书馆的传统服务模式受到了冲击，如何适应这一趋势，提高服务质量，是图书馆面临的重要问题。同时，如何保护和传承传统文化，如何吸引更多的读者，也是图书馆需要面对的挑战。首先，数字化、网络化的趋势对图书馆的传统服务模式提出了挑战。传统的图书馆以纸质书籍为主要载体，而数字化、网络化的趋势使得人们可以通过网络获取信息，这对图书馆的服务模式提出了新的要求。图书馆需要适应这一变化，将纸质资源转化为数字化资源，提高服务效率和质量。此外，图书馆还需要加强对数字资源的建设和管理，保证数字资源的可靠性和可用性。第二，如何保护和传承传统文化也是图书馆面临的挑战之一。图书馆作为文化的重要载体，有责任保护和传承传统文化。为了实现这一目标，图书馆需要加强与当地政府、文化机构、旅游机构的合作，共同推动传统文化的保护和传承。图书馆可以通过建立数字图书馆、虚拟博物馆等方式，将传统文化以数字化的形式进行保存和传播，让更多的人了解和认识传统文化。第三，如何吸引更多的读者也是图书馆面临的一大挑战。随着社会的发展，读者的需求也在不断变化，他们不仅需要获取信息，还需要在阅读中获得更多的体验和感受。因此，图书馆需要加强宣传推广工作，提高自身的知名度，吸引更多的读者前来阅读和学习。图书馆可以通过网络宣传、举办文化活动、提供个性化服务等手段，提高读者的满意度和忠诚度。为了应对数字化、网络化趋势的挑战，图书馆需要采取相应的策略。一是加强数字化、网络化建设，提高服务质量。图书馆需要加大对数字化、网络化建设的投入，引进先进的技术和设备，提高服务效率和质量。同时，图书馆还需要加强对数字资源的开发和管理，建立完善的数字资源管理体系。二是加强与当地政府、文化机构、旅游机构的合作，共同保护和传承传统文化。图书馆可以与当地政府、文化机构、旅游机构建立合作关系，共同推动传统文化的保护和传承工作。例如，图书馆可以与文化机构合作，共同举办文化活动、展览等，让更多的人了解和认识传统文化。三是加强宣传推广，提高图书馆的知名度。图书馆可以通过网络宣传、媒体报道、社交媒体等方式，提高自身的知名度。此外，图书馆还可以通过举办文化活动、讲座等，吸引更多的读者前来阅读和学习。

三、图书馆未来发展的机遇与前景展望

在 21 世纪这个充满变革与挑战的时代，图书馆作为人类文明的守护者，正面临着前所未有的发展机遇。尽管在全球化和数字化的浪潮中，图书馆的传统职能受到了一定程度的冲击，但其在知识传播、文化传播、教育推广等方面的重要作用仍不可替代。站在新的历史起点上，图书馆必须积极应对挑战，主动把握机遇，以其独特的价值和功能，引领社会文化的发展。社会发展与人们生活水平的提高使得读者精神文化需求不断增长，这为图书馆的未来发展提供了坚实的市场需求。在物质生活日益丰富的今

天，人们越来越注重精神生活的丰富和心灵世界的滋养，而图书馆正是提供这种精神食粮的重要场所。人们渴望在图书馆中寻找知识、启迪思想、享受阅读带来的乐趣。对此，图书馆应充分发挥其功能，优化藏书结构，拓展服务领域，提升服务水平，满足人民群众多样化的精神文化需求。文化旅游的深度融合为图书馆的发展带来了新的机遇。在全球化的背景下，文化旅游已经成为人们了解不同文化、体验异国风情的重要方式。图书馆作为文化的重要组成部分，可以借助文化旅游的势头，将文化资源与旅游资源相结合，打造独具特色的文化旅游项目。通过举办各类文化活动、展览、讲座等，吸引更多游客和读者，使图书馆成为文化旅游的一张亮丽名片。同时，图书馆还可以与其他文化产业机构合作，共同开发文化创意产品，拓展图书馆的文化影响力。而数字化、网络化的发展趋势为图书馆的未来发展注入了新的活力。随着互联网的普及和移动终端的广泛应用，人们获取信息的方式正在发生深刻变革。图书馆必须紧跟时代潮流，加快数字化、网络化的建设步伐，提供线上线下相结合的服务模式，以满足读者日益增长的信息需求。具体而言，图书馆可以通过建设数字图书馆、开展远程服务、推出移动应用等方式，实现资源的共享和传播，让读者能够随时随地获取知识。同时，图书馆还可以利用大数据、人工智能等技术手段，开展个性化推荐、智能检索等服务，提升读者的阅读体验。

为适应信息时代的发展需求。图书馆应当充分利用数字技术和网络平台，建设数字图书馆，将纸质资料和电子资源进行数字化处理，并提供在线阅读和下载服务，以方便读者随时随地获取所需的图书信息。此外，图书馆还应当积极利用社交媒体和移动应用程序与读者建立更紧密的联系，发布图书推荐，开展线上读书俱乐部，提供个性化的服务，增强读者与图书馆之间的互动。

在充实文化资源和加强科技应用之外，图书馆还需要加强与其他行业的合作，通过与其他文化机构的融合，共同推动文旅融合发展。图书馆可以与博物馆、美术馆等文化机构合作，共同举办展览和活动。比如，可以将图书馆的文献资料与博物馆的文物展品结合起来，通过展览、讲座等形式，让公众同时感受到书本知识和实物的魅力。这样不仅促进了文化资源的互补与共享，也拓宽了公众的文化视野。图书馆还可以与旅游机构合作，将图书馆打造成旅游的景点之一。通过展览、活动等方式，吸引游客前来参观，提升图书馆的知名度和影响力。

同时，图书馆还可以与电影院、剧院等文化场所合作，将图书中的故事搬上舞台或大银幕，将文学艺术与表演艺术相结合，丰富公众的文化娱乐生活。比如，可以将经典文学作品改编成电影或舞台剧，在剧院或电影院上映或演出，并结合图书馆的相关资源，引导观众深入了解原著作品。这样的合作不仅能够吸引更多观众，提升文化产业的影响力，也能够为图书馆带来更多的资源和合作机会。

除了与文化机构的合作之外，图书馆还可以与教育机构、科研机构等学术机构合作，共同推动学术研究和知识传播。图书馆与大学图书馆、研究机构的合作可以促进知识的交流与共享，通过共同开展学术讲座、研讨会等活动，推动学术文化的繁荣。此外，图书馆还可以与企业、社区等合作，开展社会教育活动、公益项目等，将图书馆的资源和服务延伸到更多的人群中，进一步推动文旅融合的发展。

总的来说，为了实现文旅融合的目标，图书馆需要通过充实文化资源、加强科技应用以及加强与其他行业的合作来进一步促进自身的转型升级。只有不断满足公众的文化需求，适应时代的发展需求，才能更好地发挥图书馆在文旅融合中的作用，为公众提供更丰富的文化体验和学习机会。

参考文献

［1］彭迎新,彭燕,周冰.文旅融合背景下高校图书馆民族文化资源的保护与利用研究［J］.黑龙江教师发展学院学报,2024,43（02）：147-150.

［2］郭晓.文旅融合下的公共图书馆服务创新路径研究［J］.黑龙江教师发展学院学报,2024,43（02）：143-146.

［3］廖敏.文旅融合为图书馆注入新活力［J］.文化产业,2024（02）：28-30.

［4］沈以庄.沉浸式文旅融合与公共图书馆多元共生［J］.文化产业,2024（02）：142-144.

［5］黄安妮,陈雅.文旅融合背景下公共图书馆空间建设的实践路径与策略研究［J］.图书馆理论与实践,2024（01）：9-16.

［6］王利,慕春斌.探索文化服务新模式促进文旅融合新发展［J］.百花,2023（11）：109.

［7］陈雪英.浅论文旅融合背景下公共图书馆服务能力提升路径［J］.文化创新比较研究,2023,7（32）：130-134.

［8］周杰,黄妍青,李俊男.元宇宙赋能公共图书馆文旅融合新路径［J］.图书馆理论与实践,2023（06）：103-110.

［9］王雪峰,杨书彬,张燕.公共图书馆助力文化旅游产业融合发展对策研究——以邯郸市图书馆为例［J］.邯郸职业技术学院学报,2023,36（03）：93-96.

［10］李芳芳.文旅融合视域下区域图书馆集群品牌建设研究［J］.河南图书馆学刊,2023,43（09）：100-101+107.

［11］王楚楚.文旅融合背景下公共图书馆读者服务模式探析［J］.办公室业务,2023（17）：187-189.

［12］曹文静.公共图书馆在文旅融合时代的高质量发展研究［J］.参花（下）,2023（09）：113-115.

［13］王一宁.公共图书馆文旅融合发展策略研究［J］.内蒙古科技与经济,2023（16）：138-140+157.

［14］苏欢,王丽雅.文旅融合背景下图书馆空间服务价值与优化策略［J］.山东图书馆学刊,2023（04）：78-82.

［15］杨艳红.文旅融合背景下的高校图书馆创新发展探究［J］.赤峰学院学报（自然科学版）,2023,39（07）：49-52.

［16］王胜男.公共图书馆多元文旅要素的服务资源分析［J］.大庆社会科学,2023（04）：142-145.

［17］王金玲.文旅融合背景下公共图书馆的转型发展［J］.盐城工学院学报（社会科学版）,2023,36（04）：78-81.

［18］王少薇,周剑峰,田原.新时代我国图书馆文旅融合研究现状与思考［J］.图书馆理论与实践,2023（06）：44-56.

［19］李一男.文旅融合背景下的公共图书馆服务创新策略分析研究［J］.河南图书馆学刊,2023,43（08）：24-26.

［20］刘晓雨.公共图书馆文旅深度融合的思考［J］.河南图书馆学刊,2023,43（08）：27-28+35.

［21］李一浏,唐子乔.文旅融合背景下公共图书馆智慧服务研究［J］.图书馆学刊,2023,45（07）：71-74.

［22］杨劼,虞冬琦.探索公共图书馆文旅融合可持续发展的路径［J］.内蒙古科技与经济,2023（14）：144-147.

［23］孙乾婧.文旅融合背景下公共图书馆地方文献建设之主张［J］.炎黄地理,2023（07）：95-97.

［24］孙乐勤.公共图书馆闯文旅融合新路［J］.文化产业,2023（20）：

34-36.

[25] 严贝妮,李迎归.国内外公共图书馆文旅融合研究进展与瞻望 [J].图书馆,2023（07）:50-57.

[26] 王明亮.新时期公共图书馆参与文旅融合发展策略研究 [J].河南图书馆学刊,2023,43（07）:29-31.